V&R

Bärbel Nagel

Andacht im Altenheim

Blickfelder, Beispiele, Gottesdienste

Vandenhoeck & Ruprecht

ALTE MENSCHEN IN DER KIRCHE

Mit zahlreichen Abbildungen
Illustrationen: Rebecca Meyer, Svetlana Kilian

Umschlagabbildung: www.digitalstock.de, © Uwe Malitz

Bibliografische Information der Deutschen Nationalbibliothek
Die Deutsche Nationalbibliothek verzeichnet diese Publikation in der Deutschen Nationalbibliografie;
detaillierte bibliografische Daten sind im Internet über http://dnb.d-nb.de abrufbar.

ISBN 978-3-525-63025-9
ISBN 978-3-647-63025-0 (E-Book)

Satz: textformart, Göttingen
Druck und Bindung: ✹ Hubert & Co, Göttingen

Gedruckt auf alterungsbeständigem Papier.

Inhalt

DIE BEISPIELE

Ansprachen mit Symbolen

Besondere Gottesdienste

Praktische Seelsorge

Gottesdienste im Kirchenjahr

Der Blick vorab

In Deutschland gibt es mittlerweile mehr als 11 000 Pflegeeinrichtungen im Bereich der Altenhilfe mit mehr als 700 000 betreuten Menschen, Tendenz seit 1999 steigend (Angaben des Statistischen Bundesamtes). Auf Grund der demografischen Entwicklung ist davon auszugehen, dass diese Zahlen in den nächsten Jahren weiter steigen werden.

Viel wird über das Alter, über alte Menschen und ihre speziellen Bedürfnisse diskutiert und geschrieben. So etwa über Wohnformen im Alter, wo die Palette von der „Alten-WG" über das „Mehrgenerationenhaus" bis hin zum „Beginenhof" reicht. Höchste Zeit, dass auch über Formen des Gottesdienstes für alte Menschen nachgedacht wird!

Wenn in Einrichtungen der Altenhilfe gottesdienstliche Angebote gemacht werden, so handelt es sich allein schon auf Grund der Zahlen nicht um Nischenangebote, sondern es geht um eine große Zahl von Menschen, die hier erreicht werden können. Hat die Kirche also Zukunft ohne die „Alten"?

Zudem gehören neben den Bewohnerinnen und Bewohnern auch Angehörige sowie Mitarbeitende zur Gottesdienstgemeinde. Gottesdienste und Andachten sind für Menschen in Einrichtungen der Altenhilfe etwas Besonderes.

Sie unterbrechen die oft täglich gleichen Abläufe und bauen Brücken von „drinnen" nach „draußen" und von „draußen" nach „drinnen". Manchmal führen diese Brücken auch zum „früheren" Leben der Bewohnerinnen und Bewohner. Mit dem Pfarrer / der Pfarrerin begegnet ihnen ein Mensch von „außen", der in ihre Lebenswelt kommt, der nicht zu denen gehört, mit denen sie es sonst zu tun haben. Die alten Menschen freuen sich auf diese Begegnung,

7

viele kleiden sich dem Anlass entsprechend mit ihren „Sonntagskleidern", auch wenn der Gottesdienst gar nicht an einem Sonntag stattfindet. Erinnerungen werden geweckt, sei es durch die Atmosphäre oder durch bekannte Texte und Lieder.

Es ist wichtig, diese Gottesdienste und Andachten für alte Menschen gut vorzubereiten und sie den Besucherinnen und Besuchern entsprechend zu gestalten. Eine liturgisch und vom Predigtumfang her abgespeckte Version des Sonntagsgottesdienstes ist hier nicht angebracht.

Es gilt eigene Formen zu entwickeln und zu praktizieren.

Als Pastorin bin ich relativ regelmäßig in verschiedenen Altenheimen der unterschiedlichsten Träger und halte dort vertretungsweise Gottesdienste bzw. Andachten. Als Tochter eines Vaters mit Demenz, der die letzten drei Jahre seines Lebens in einem Altenheim lebte, habe ich aus der Perspektive der Angehörigen Gottesdienste erlebt. Beides bringt mich dazu, Anregungen und Tipps aus meiner Erfahrung heraus aufzuschreiben. Vieles mag auf den ersten Blick selbstverständlich und klar sein. Doch sind es oft gerade diese Selbstverständlichkeiten, die nicht bedacht und beachtet werden. Es kommt zu Unbehagen, und keiner weiß so wirklich, warum das so ist.

Dieses Buch richtet sich an Pastorinnen und Pastoren in der Altenheimseelsorge genauso wie an Gemeindepfarrerinnen und -pfarrer, die nur gelegentlich in Altenheimen sind. Als dritte Gruppe habe ich auch ehrenamtlich tätige Menschen im Blick. Da Funktionsstellen von Seiten der Landeskirchen derzeit immer mehr gekürzt oder gestrichen werden, ist es gut möglich, in Zukunft bei der Gottesdienstarbeit verstärkt auf Laien zurückzugreifen, wenn denn diese Arbeit in den Einrichtungen weiterhin kontinuierlich gemacht werden soll.

Es gilt, verschiedene Themen im Blick zu haben, verschiedene „Blickfelder" zu beleuchten. Erst alle Blickfelder zusammen ergeben das Ganze. Dabei kommt die Frage des Raumes genauso zur Sprache wie die Frage nach dem Ablauf, der Musik, der Verkündigung, der Gottesdienstgemeinde und anderes mehr. Die gewählte Reihenfolge beinhaltet keine Wertigkeit, ebenso wenig der unterschiedliche Umfang. Alle „Blickfelder" sind in gleichem Maß ernst zu nehmen. Ich beginne mit dem Prediger / der Predigerin, denn er / sie betrachtet die weiteren Bereiche aus der jeweils eigenen Perspektive.

Blickfeld 1: Prediger / Predigerin

Auch bis in euer Alter
bin ich derselbe,
und ich will euch tragen,
bis ihr grau werdet.
Jesaja 46,4

Wenn das Predigen im Altenheim nur eine von vielen Aufgaben des Pfarrers oder der Pfarrerin ist, wenn er oder sie ansonsten also nicht schwerpunktmäßig mit alten Menschen zu tun hat, dann bestehen möglicherweise Unsicherheiten mit dem Kasus Altenheim. Für den einen oder die andere mag der Gang in ein Altenheim aus unterschiedlichen Gründen ein „Angang" sein.

VOREINSTELLUNGEN PRÜFEN

Ich muss mir schon im Vorfeld über die eigenen Gefühle klar werden und wie ich damit umgehe. Wie erlebe ich ein Haus, in dem ausschließlich alte Menschen leben, Menschen in der letzten Lebensphase? – Welchen Eindruck habe ich von diesem „Haus"? – Wie erlebe ich die alten Menschen? – Wie erlebe ich Gebrechlichkeit und Eigenarten? – Wie reagiere ich auf Menschen mit einer Demenzerkrankung? – Wie gehe ich mit „Gerüchen" um? – Was fällt mir schwer? Diese erste Selbstreflexion kann helfen, sich auf die Situation und die Menschen einzustellen.

9

Ein Gottesdienst oder eine Andacht im Altenheim sollte auf jeden Fall im Talar gehalten werden, auch wenn es ansonsten durchaus gute Gründe für Gottesdienste ohne Talar geben mag. Hier im Altenheim macht der Talar deutlich, mit wem es die alten Menschen zu tun haben. Der Talar weckt Erinnerungen und lässt erkennen, dass diese Person der Pfarrer/die Pfarrerin ist.

Meiner Erfahrung nach ist es gut, frühzeitig vor Ort zu sein, um die Menschen persönlich am Eingang zu begrüßen. Auch eine persönliche Verabschiedung nach dem Gottesdienst ist wichtig und sinnvoll. Es ist gut, Zeit für Small Talk zu haben, aus dem sich gerade nach dem Gottesdienst intensivere Gespräche ergeben können.

DIE BESONDERE SITUATION ERNST NEHMEN

Der Pfarrer / die Pfarrerin muss im Altenheim mehr denn je auf angemessene Lautstärke und angemessenes Sprechtempo achten. Eine oft festzustellende „Störung" während des Gottesdienstes rührt daher, dass die Menschen den Prediger nicht richtig verstehen können und dies mit den Rufen „Bitte lauter" oder „Wir können Sie nicht verstehen" kundtun.

Die Nähe zu den Menschen muss durch Mimik und Gestik deutlich werden. Dazu ist es ganz wichtig, Blickkontakt zu halten, d. h. ein möglichst freies Predigen ist wünschenswert. Eine gewisse Flexibilität sollte vorhanden sein, die es ermöglicht auf – unerwartete – Äußerungen der Gottesdienstgemeinde einzugehen und sie in den Duktus aufzunehmen.

Auch wenn wir als Theologinnen und Theologen Meister des Wortes sind, so gilt im Altenheim ganz besonders die Devise: weniger ist oft mehr! Es kommt nicht darauf an, wie lange der Gottesdienst dauert, sondern ob es mir gelingt, die Menschen in ihrer Situation anzusprechen und „ihrer Seele Gutes zu tun". Mehr als eine gute halbe Stunde sollte dazu nicht nötig sein.

Blickfeld 2: Einrichtung

Der Gottesdienst darf kein isoliertes Handeln im Alltag der Bewohnerinnen und Bewohner sein, sondern soll als ein Mosaikstein ins Gesamtbild der Angebote in der Einrichtung passen. Da kommt nicht einmal pro Woche einer oder eine von außen „eingeflogen", hält seinen Gottesdienst und ist dann wieder weg. Vielmehr soll das gottesdienstliche Geschehen einen Platz im Gesamtkonzept der Einrichtung haben. Das bedeutet enge Kooperation und gute Kommunikation zwischen Pastor / Pastorin von außen und den Menschen vor Ort. Wichtig ist, dass gottesdienstliche Angebote vom Haus gewollt sind und auch Unterstützung erfahren. Wie diese konkret aussehen kann, ist jeweils vor Ort abzuklären.

MIT DER EINRICHTUNG KOOPERIEREN

Sinnvoll ist es, die Einrichtung vor dem ersten Gottesdienst und auch sonst immer einmal wieder zu besuchen, den Raum anzuschauen, wenn möglich mit Bewohnerinnen und Bewohnern zu sprechen, mit den Verantwortlichen zu klären, was zu beachten ist und inwieweit hier Unterstützung beim Gottesdienst selber gewährt wird.

In meiner Arbeit habe ich festgestellt, dass auch – in manchen Fällen sogar gerade – in Häusern in nicht-kirchlich-diakonischer Trägerschaft ein großes Interesse an regelmäßigen gottesdienstlichen Veranstaltungen besteht und große Bereitschaft zur Kooperation vorhanden ist.

RESSOURCENORIENTIERT GESTALTEN

Was sind das für Menschen, die mich erwarten? Ich muss mich darauf einstellen, dass sie bestimmte Dinge nicht mehr können, wie etwa kleine Schriften lesen. Viel wichtiger aber ist es, der Frage nachzugehen, was sie (noch) können, um an und mit diesen Ressourcen orientiert arbeiten zu können.

Wichtig sind gute Hinweise auf den Gottesdienst durch Aushänge, Durchsagen und persönliche Ansprache. Wann und wo der Gottesdienst stattfindet, kann gar nicht deutlich genug gesagt werden. Das gilt auch dann, wenn eine Regelmäßigkeit der Gottesdienste vorliegt. Welcher Termin sich für Gottesdienste bzw. Andachten als günstig erweist, sollte sich nicht nur am Terminkalender des Pfarrers / der Pfarrerin orientieren. Ob samstags, sonntags oder zu Beginn der Woche, ob am Vormittag oder nachmittags – das ist die Frage, wie sich der Gottesdienst am besten in den Tagesablauf der Bewohnerinnen und Bewohner integrieren lässt.

Blickfeld 3: Mitarbeitende

Mitarbeitende der Einrichtung werden wohl eher selten an den Gottesdiensten teilnehmen können. Dennoch ist es aus mehreren Gründen wichtig, sie mit einzubeziehen.

Zum einen muss vorab geklärt werden, welche Erwartungen jeweils aneinander vorhanden sind und welche davon realisierbar sind und welche nicht. Das reicht von der Frage der Raumgestaltung bis hin zur Frage nach dem Altarschmuck, von der Frage, wer dafür zuständig ist, dass gehbehinderte Menschen gebracht und wieder abgeholt werden, bis hin zum Hinweis darauf, dass es nicht unbedingt passend ist, jemanden aus dem Gottesdienst zu holen, weil nun plötzlich Besuch gekommen ist oder Ähnliches.

DEN RAHMEN ABSTECKEN

Ich selber habe es erlebt, dass eine alte Dame während des Gottesdienstes von einer Mitarbeiterin abgeholt wurde mit dem Hinweis darauf, dass die alte Dame wohl ihren Friseurtermin vergessen habe. Auf Grund der Schwerhörigkeit der alten Dame war dies ein sehr lauter und mehrere Minuten dauernder Vorgang, der für alle Beteiligten und auch für die Gottesdienstgemeinde recht unangenehm war. Die Mitarbeiterin, die ich im Nachhinein darauf ansprach, hatte sich überhaupt keine Gedanken darüber gemacht, dass ihr Verhalten von anderen als unpassend und störend empfunden werden könnte. In einem solchen Fall ist es wichtig, diese Unstimmigkeiten direkt in einem sachlichen und freundlichen Gespräch zu klären.

Aus einem weiteren Grund ist der Kontakt zu den Mitarbeitenden wichtig. Die Arbeit in einem Alten- und Pflegeheim ist eine sehr anstrengende und auch belastende Arbeit. Durch den gewaltigen wirtschaftlichen Druck arbeiten viele Mitarbeitende in der Pflege am Limit. Ihnen tut es gut, wenn sie von „außen" Aufmerksamkeit und Wertschätzung erfahren, und sei es nur durch ein kurzes Gespräch oder eine kleine symbolische Geste.

Auch aus diesem Grund empfiehlt es sich, für einen Gottesdienst im Altenheim genügend Zeit einzuplanen, über den eigentlichen Gottesdienst hinaus. Aus dem Kontakt mit den Mitarbeitenden können sich darüber hinaus weitere Themen und / oder Gedanken für Andachten oder Gottesdienste ergeben. Auch wenn es über die Thematik „Gottesdienste" hinausgeht, so ist doch anzuregen, von Theologenseite Fortbildungsangebote für Mitarbeitende zu ethischen Fragestellungen anzubieten, etwa zu Themen wie: künstliche Ernährung (PEG-Sonde), Patientenverfügung und Umgang damit in der Einrichtung.

Blickfeld 4: Ehrenamtlich Mitarbeitende

In Zeiten immer knapper werdender finanzieller Ressourcen sind Einrichtungen der Altenhilfe und die Kirchengemeinden vor Ort verstärkt auf Menschen angewiesen, die sich ehrenamtlich oder im Freiwilligenengagement betätigen. Es gibt viele unterschiedliche Bereiche, sich zu engagieren. Freizeitangebote (spielen, vorlesen, spazierengehen) gehören genauso dazu wie etwa Unterstützung im gottesdienstlichen Bereich oder bei der Begleitung von Bewohnern in der Sterbephase. Wichtig sind dabei die entsprechende Schulung / Fortbildung und die kontinuierliche Begleitung der freiwillig Engagierten.

MIT EHRENAMTLICHEN ZUSAMMENARBEITEN

Gemeindepfarrerinnen und -pfarrer, zu deren Aufgabenfeld die Betreuung eines Altenheimes gehört, können durch den Aufbau solcher Freiwilligenengagements Entlastung erfahren und der Arbeit mehr Vielfalt geben. Die Menschen in den Einrichtungen profitieren davon und auch für die Einrichtung selber ist dies ein Qualitätsmerkmal.

Es gibt bereits eine Reihe von Häusern, in denen ehrenamtlich Tätige oder Praktikantinnen und Praktikanten da sind, die in die gottesdienstliche Arbeit eingebunden sind, z.B. um Bewohnerinnen und Bewohner im Rollstuhl in ihren Zimmern abzuholen und zu begleiten. Im Idealfall werden diese Mitarbeitenden auch am Gottesdienst selber teilnehmen und dort Unterstützung und Hilfe sein. Auch könnten sie Teile des Gottesdienstes mitgestalten und Gottesdienste zu besonderen Gelegenheiten mit vorbereiten.

In der Regel können Mitarbeitende aus der Pflege hier eher nicht zur Verfügung stehen. Dann kann es bei längerfristiger Tätigkeit sinnvoll sein, Gruppen ehrenamtlicher Gottesdienstmitarbeiter aufzubauen, ähnlich den „Grünen Damen" der Evangelischen Krankenhaushilfe.

Blickfeld 5: Gottesdienstgemeinde

Die Frage nach dem Zuhörerkreis ist für Vorbereitung und Durchführung von Gottesdiensten von entscheidender Bedeutung. Jede und jeder, die im Rahmen eines theologischen Examens eine Predigt schreiben musste, weiß, dass der Blick auf die Gemeinde, den

Zuhörer, einen wichtigen Stellenwert hat. Das ist bei Gottesdiensten im Altenheim nicht anders. *Was* will ich gerade diesen Menschen in der Situation „Altenheim" sagen – und wie?

DIE ZIELGRUPPE WAHRNEHMEN

Die meisten Gottesdienstbesucher sind, wie auch in den Gemeindegottesdiensten am Sonntag, Frauen. Auch mit der Teilnahme von Angehörigen ist zu rechnen. Bei „normalen" Gottesdiensten sind es erfahrungsgemäß nur einige wenige, bei Gottesdiensten etwa an Weihnachten oder im Rahmen von (Sommer-)Festen sind viele Angehörige da.

Heute sind viele Bewohnerinnen und Bewohner in Altenheimen pflegebedürftig, d. h. sowohl aufgrund von körperlichen als auch von geistigen Beeinträchtigungen sind sie auf Hilfe angewiesen. Vor allem der Anteil von Menschen mit verschiedenen Demenzerkrankungen wächst. Daneben gibt es aber auch Bewohnerinnen und Bewohner, die noch recht selbstständig und geistig rege etwa in Appartements des „betreuten Wohnens" leben und ebenfalls zu den gottesdienstlichen Angeboten kommen. Dass auch in teilstationären Einrichtungen, wie es etwa Tagespflegen sind, Gottesdienstangebote gemacht werden können, versteht sich von selbst.

Für sie alle ist es wichtig, dem Atmosphärischen und Emotionalen Raum zu geben. Gerade demenziell erkrankte Menschen, aber nicht nur sie, wollen sich wohlfühlen. Ebenso brauchen sie möglichst viele Sicherheiten, etwa derart, dass Abläufe immer wiederkehren und dass bekannte Texte vorkommen. Menschen mit Demenz haben ein gutes Gespür für eine lebendige Verkündigung, für eine Verkündigung, die sie anspricht mit ihren Erfahrungen, mit ihren Erinnerungen und sie so mit einbezieht. Sie merken, ob sich der Prediger / die Predigerin auf sie einlassen kann und ihnen Wertschätzung entgegen bringt.

DAS UNERWARTETE ZULASSEN

Vor diesem Hintergrund verlaufen die Gottesdienste anders, als wir es vom Gemeindegottesdienst gewohnt sind. Es kann sein, dass Bewohnerinnen oder Bewohner nicht auf ihrem Platz sitzen bleiben und stattdessen unruhig hin- und herlaufen. Es kann sein, dass der ein oder die andere den Gottesdienst zwischendrin verlässt. Manchmal kommt er oder sie wieder, manchmal auch nicht. Mit Zwischenrufen ist zu rechnen, wenn der Prediger / die Predigerin eine rhetorische Frage stellt, auf die er oder sie gar keine Antwort erwartet. Wie ist mit diesen Zwischenrufen umzugehen? Sind sie ein Angebot ins Gespräch zu kommen? Das sollte man sich schon bei der Vorbereitung überlegen. Auch ist es durchaus möglich, dass Inhalte oder Äußerlichkeiten kommentiert werden. Dafür drei Beispiele:

■ Während des Gottesdienstes äußert eine alte Dame lautstark ihre Verwunderung über die Kleidung der Pastorin mit den Worten: „Sie haben ja eine Jeans unter dem Talar an!!"

■ Bei einem anderen Gottesdienst wird ebenfalls von einer alten Dame laut daran erinnert, dass man bisher aber vergessen habe, das Glaubensbekenntnis zu beten, weil es nicht an der erwarteten Stelle vorkam.

■ Und ein alter Herr winkt die Pastorin während eines Liedes zu sich, um ihr zu sagen, dass sie doch lauter sprechen solle. Er könne sie nicht verstehen.

Blickfeld 6: Gottesdienstraum

Von vielen möglicherweise als nebensächlich oder sogar unwichtig abgetan, kommt gerade dem Raum eine ganz wesentliche Bedeutung zu. Er ist ein wichtiges Puzzleteil dafür, ob das Gesamtbild Gottesdienst in sich stimmig wird.

GENÜGEND RAUM BIETEN

Der Gottesdienstraum muss gut zugänglich sein, für Menschen mit Gehbeeinträchtigungen, mit Rollatoren und für Menschen im Rollstuhl. Er muss auch groß genug sein, damit Rollatoren irgendwo abgestellt werden können und damit es problemlos möglich ist, mit den Rollstühlen ein wenig rangieren zu können. Die Bestuhlung sollte so gestellt sein, dass auch dazwischen genügend Platz ist. Das Aufstellen in einer kommunikativen Form, etwa im Halbkreis, ist bei entsprechender Raumgröße zu überlegen. Auf lange Reihen sollte besser verzichtet werden. Sie sind auf Grund der langen Wege bis zum Platz viel zu umständlich.

RUHE BIETEN

Ein Durchgangsraum ist für eine gottesdienstliche Veranstaltung weniger gut geeignet. Es ist erfahrungsgemäß sehr schwierig, hier für eine angemessene Atmosphäre zu sorgen, die möglichst störungsfrei ist. Eine gewisse Ruhe und Besinnlichkeit sind nun einmal wichtige Voraussetzungen für die Durchführung von Gottesdiensten und Andachten. Wenn nur ein Foyer für solche Veranstaltungen vorhanden ist, dann sollten auf jeden Fall Tafeln mit der gut lesbaren Aufschrift: „ Von … bis … Uhr findet hier heute ein Gottesdienst statt. Bitte verhalten Sie sich angemessen!" aufgestellt werden.

Auch entsprechende Instruktionen an die Mitarbeitenden müssen in einem solchen Fall immer wieder erfolgen. Da nicht mehr vorauszusetzen ist, dass Menschen wissen, wie sie sich bei Gottesdiensten oder Andachten zu verhalten haben, wäre das als Thema für eine hausinterne Fortbildung zu überlegen. Ich habe es erlebt, dass eine Mitarbeiterin während des Vaterunsers recht lässig mit Kaffeetasse durch den Gottesdienstraum schlenderte, um ins Schwesternzimmer zu gelangen. Anschließend darauf angesprochen hatte sie überhaupt kein Gespür dafür, dass dies von mir als unpassend empfunden wurde. Wie so oft ist es keine böse Absicht, sondern schlicht und einfach Unwissenheit und Gedankenlosigkeit, die das Miteinander erschweren.

FÜR DAS RICHTIGE RAUMKLIMA SORGEN

Der Raum sollte warm, aber nicht zu warm sein. Ebenfalls wichtig ist, dass der Raum vor Beginn des Gottesdienstes gut gelüftet wird. Vor allem dann, wenn der eigentliche Speiseraum dafür umfunktioniert wird. Mir fällt es schwer, in einem Raum, in dem es etwa

17

nach Erbsensuppe riecht, ein „Gottesdienstfeeling" zu entwickeln. Das geht den Bewohnerinnen und Bewohnern nicht anders.

DEN RAUM ALS GOTTESDIENSTRAUM ERKENNBAR MACHEN

Der Raum muss als Gottesdienstraum erkennbar sein. Das bedeutet, dass eine bestimmte Grundausstattung vorhanden sein sollte. Ein als Altar deutlich erkennbarer Tisch mit schöner weißer Decke, die mit bunten (Tüll-)Tüchern in den liturgischen Farben aufgelockert werden kann (Advents- und Passionszeit violett; Weihnachten bis zum 1. Sonntag nach Epiphanias sowie Osterkreis weiß; Vorpassions- und Trinitatiszeit grün; Karfreitag schwarz; Pfingstkreis und Reformationstag rot), sollte der Blickfang des Raumes sein. Darauf stehen eine oder mehrere brennende Kerzen und ein Kreuz. Vor dem Kreuz liegt eine große aufgeschlagene Bibel.

Diese Gegenstände bedürfen der liebevollen Pflege. Es muss verabredet sein, wer sich darum kümmert, dass sie vor dem Gottesdienst bereit stehen und dass sie hin und wieder erneuert (Kerzen) oder gereinigt (Decke) werden. Es empfiehlt sich, dass der Pfarrer / die Pfarrerin immer eine Schachtel Streichhölzer in der Tasche hat!

EINEN ÄSTHETISCHEN ANBLICK BIETEN

Ein unhaltbarer Zustand ist es, wenn die Altardecke zwar von weitem einen schönen Eindruck macht, bei näherem Hinschauen aber verschmutzt und die Hohlsaumspitze an einigen Stellen riesige Löcher aufweist.

Auf ein angemessenes Größenverhältnis der Gegenstände auf dem Altar sollte geachtet werden. Ein klitzekleines Kreuz und ein ebensolches Kerzlein auf einem großen Tisch wirken nicht. Bezüglich Kreuz, Decke oder Bibel könnte bei den Bewohnerinnen und Bewohnern nachgefragt werden, wer ein solches Stück besitzt und es für die Gottesdienste zur Verfügung stellt. So manche schöne alte Leinendecke mit Stickerei und so manche Familienbibel haben so schon eine neue Rolle gefunden. Eine Vase mit frischen Blumen, der jeweiligen Jahreszeit entsprechend und / oder aus dem Garten der Einrichtung bzw. eine schöne Topfpflanze runden das Bild ab. Die Gestaltung des Raumes soll deutlich machen, dass hier

Menschen liebevoll und mit Bedacht am Werk waren, um dem Raum eine gewisse Heiligkeit zu verleihen.

EINE PROFESSIONELLE GESTALTUNG BIETEN

Falls der Raum über eine Mikrofonanlage und / oder ein Lesepult verfügt, sollten vor dem Gottesdienst das Mikrofon bzw. das Pult auf die Größe des Sprechers oder der Sprecherin eingestellt werden. Es ist ziemlich anstrengend, einen Gottesdienst auf Zehenspitzen oder aber in gebückter Haltung zu bestreiten, nur weil Mikrophon oder Pult zu hoch bzw. zu niedrig sind. Auch ist es unbedingt zu empfehlen vor Beginn des Gottesdienstes eine Sprechprobe zu machen um die Lautstärke zu überprüfen. Problematisch kann es sein, wenn Pastor / Pastorin beim freien Predigen nicht direkt in das Mikrofon spricht, sondern durch Bewegungen bald weiter, bald näher davon entfernt ist. Das kann zu Einbußen in der Hörqualität führen. Besser als Standmikrofone sind auf jeden Fall tragbare Mikrofone, da sie die Bewegungen des Sprechers / der Sprecherin mitmachen. Dies in aller Ruhe auszuprobieren, zeugt nicht von Unsicherheit, sondern ist im Gegenteil ein Zeichen von Professionalität.

Blickfeld 7: Musik

Musik ist besonders wichtig, da gerade Menschen mit Demenz sich auf der emotionalen Ebene besonders ansprechen lassen. Deshalb kommt der musikalischen Gestaltung eine wichtige Rolle zu. Dabei ist Live-Musik dem Einspielen von CDs vorzuziehen. Doch auch dies ist, bevor gänzlich auf Musik verzichtet werden muss, eine Möglichkeit der musikalischen Begleitung.

MUSIK VON AUSSEN ENGAGIEREN

Je nach den Möglichkeiten vor Ort und je nach Verfügbarkeit von Musikern sind dabei Klavier-, Flöten- oder Gitarrenmusik besonders zu empfehlen. Schön ist es, wenn bei besonderen Anlässen ein kleiner Chor oder ein (Kinder-)Musikkreis engagiert werden kann. Der Kontakt zur Kirchenmusik vor Ort und zur Musikschule kann dabei hilfreich sein. Solche Gruppen stellen, weil sie genau wie der Pfarrer / die Pfarrerin von außen kommen, eine Verbindung zum früheren Leben der Bewohnerinnen und Bewohner dar. Ein Highlight ist natürlich immer das Musizieren durch Kinder.

BEKANNTE LIEDER AUSWÄHLEN

Bei der Auswahl der Lieder ist auf deren Bekanntheitsgrad zu achten. Bekannte Melodien wecken Erinnerungen an früher, an die eigene Kindheit oder an die Mutter oder Großmutter, die ein bestimmtes Lied mit dem nun alt gewordenen Menschen immer gesungen hat. So schön die Lieder aus den neuen Liederbüchern sind und so gern ich sie selber singe, für einen Gottesdienst im Altenheim sind sie weniger geeignet. Hier empfiehlt es sich doch eher auf das Liedgut im EG zurückzugreifen oder etwa auf eine Auswahl aus dem EG, wie das *Seniorenliederbuch*, herausgegeben von Christoph Stegmann, Göttingen 2011, sie neuerdings bietet:

„Lobe den Herren, den mächtigen König der Ehren" (EG 317), „Nun danket alle Gott" (EG 321), „Großer Gott, wir loben dich" (EG 331), „Befiehl du deine Wege" (EG 361), „Bis hierher hat mich Gott gebracht in seiner großen Güte" (EG 329), „Geh aus, mein Herz, und suche Freud" (EG 503) und andere mehr. Auch zu den großen kirchlichen Festen im Kirchenjahr Weihnachten, Ostern und Pfingsten wird auf die „Klassiker" im EG zurückgegriffen: „Macht hoch die Tür" (EG 1), „Ihr Kinderlein, kommet" (EG 43), „Stille Nacht" (EG 46), „O Haupt voll Blut und Wunden" (EG 85), „Wir wollen alle fröhlich sein" (EG 100) u. a.

Ich habe, seitdem ich regelmäßig in Altenheimen predige, zu diesen alten Chorälen eine ganz andere Beziehung bekommen habe, als ich sie vorher hatte, und zwar eine viel positivere.

Zusammen mit dem- oder derjenigen, der / die für die musikalische Begleitung zuständig ist, sollte darauf geachtet werden, dass die Lieder nicht zu hoch angestimmt werden. Das macht immer wieder Probleme und kann die Freude am Singen trüben. Wenn der Musiker / die Musikerin die Lieder entsprechend früh mitgeteilt bekommt, dann wird es ihm / ihr sicher möglich sein, die Melodien, wenn nötig, zu transponieren.

Ich stelle immer wieder fest, dass auch Menschen, die auf Grund von starker Sehschwäche oder wegen fortgeschrittener Demenz Texte nicht mehr lesen können, bei Liedern, die ihnen vertraut sind, laut mitsingen. Sie werden von den Melodien angerührt. Alte Erinnerungen tauchen auf.

Menschen, die sich selber als unmusikalisch bezeichnen, können durch bekanntes Liedgut aus ihrer Lethargie oder Depression für eine Weile herausfinden, weil sie hier plötzlich eine Brücke in die Vergangenheit begehen können. So habe ich es bei meinem an Demenz erkrankten Vater selber erlebt. Er, den ich nie habe singen hören und der immer von sich behauptete, er könne nicht singen, sang während eines Weihnachtsgottesdienstes die alten bekannten Weihnachtslieder laut mit – ohne Textschwierigkeiten bis hin zu Liedern mit drei und mehr Strophen. Eine für mich sehr anrührende Erfahrung.

In diesem Zusammenhang sei darauf hingewiesen, dass einige Menschen von der Musik und den bekannten Melodien so sehr bewegt werden, dass Tränen fließen. Dies ist zuzulassen und auszuhalten.

Bei der Auswahl der Lieder ist möglichst auf ökumenisches Liedgut zurückzugreifen, da die Gottesdienste in der Regel von Menschen unterschiedlicher Konfessionen besucht werden; im *Seniorenliederbuch* finden sie sich in großer Zahl.

DIE NUMMERN DER LIEDER AUFFINDBAR MACHEN

Die Nummern der Lieder sollten auf ein Flipchart geschrieben werden und zusätzlich noch angesagt werden. Als Alternative zu Gesangbüchern habe ich gute Erfahrungen mit Liedblättern gemacht. Bewährt hat es sich, bekannte und immer wieder gern gesungene Lieder in großer Schrift ausdrucken zu lassen, diese zu laminieren und sich so einen Bestand an Folien anzulegen.

Diese Folien werden in großen Karteikästen nach Titeln sortiert an einem gut zugänglichen Ort in der Einrichtung aufbewahrt. Dadurch wird die Kopierflut eingedämmt und die Folien sind, da sie stabiler sind als Papier, besser zu handhaben. Ein Nachteil besteht darin, dass für einen Gottesdienst immer mehrere Folien verteilt werden müssen, was die Menschen etwas durcheinander bringen kann. Deshalb verteile ich (oder lasse ich verteilen) die entsprechende Folie immer erst dann, wenn das entsprechende Lied gesungen wird.

Blickfeld 8: Liturgie

Der liturgische Rahmen orientiert sich am bekannten Ablauf des Sonntagsgottesdienstes mit den Teilen Eröffnung und Anrufung, Verkündigung und Bekenntnis, evtl. Abendmahl sowie Sendung und Segen.

EINE FESTE FORM FINDEN

Wichtig ist, dass dieser Rahmen *verlässlich* und *verbindlich* ist. Verlässlich für die Besucherinnen und Besucher, die sich darin zu Hause fühlen und genau wissen, was wann wo „dran" ist. Verbindlich für alle, die in dem jeweiligen Altenheim evangelische Gottesdienste und Andachte halten.

Zu Beginn sprach ich bereits von der Wichtigkeit von Emotionalität und Atmosphärischem, besonders bei demenziell erkrankten Menschen. Auf diesem Hintergrund ist zu überlegen, regelmäßig Abendmahl im Gottesdienst zu feiern und auch dem Ritual der (Kranken-) Salbung Raum zu geben. Wie diese Regelmäßigkeit aussieht, hängt sicherlich davon ab, in welchem zeitlichen Abstand generell Gottesdienste angeboten werden, ob wöchentlich, 14-tägig oder anders.

Auf die Gestaltung von Salbungsgottesdiensten wird an anderer Stelle noch einmal etwas ausführlicher eingegangen werden. Auch

22

wird ein Vorschlag für einen Gottesdienst mit Feier des Abendmahls noch ausgeführt werden.

DEN ABKÜNDIGUNGEN RAUM GEBEN

Ein wesentlicher Punkt im Ablauf des Gottesdienstes stellen die Abkündigungen oder Bekanntmachungen dar. Sie geben Nachrichten aus dem Alltagsleben weiter, die für die Bewohnerinnen und Bewohner wichtig und interessant sind. Wer hat Geburtstag? Wer ist neu eingezogen? Gibt es neue Mitarbeitende? Wer liegt im Krankenhaus? Wer ist verstorben?

Gerade vor den letzten beiden Punkten schrecken viele zurück. Will das ein Altenheimbewohner / eine Bewohnerin wirklich hören? Wird er, wird sie damit nicht unangenehm an die eigenen Gebrechen und an den eigenen Tod erinnert? Muss das wirklich sein? Ja, es muss sein. Denn es gehört zum Leben der Menschen im Altenheim dazu. Zum Thema Tod folgt in Teil III ein Abschnitt, der sich mit der Frage auseinandersetzt, wie ein würdevoller Umgang mit dem Tod im Altenheim aussehen kann.

Ich habe festgestellt, dass viele Bewohnerinnen und Bewohner regen Anteil an den oben beschriebenen unterschiedlichen Neuigkeiten nehmen und ein echtes Interesse daran haben. Sie fordern es geradezu ein. So kritisierte eine alte Dame vehement, dass ich gar keine Neuigkeiten zu vermelden hatte. Es könne doch nicht sein, so meinte sie, dass sich in der letzten Woche nichts ereignet habe. Nächstes Mal müsse ich mich da unbedingt vorher kümmern. Es stellte sich dann heraus, dass die Verwaltungsmitarbeiterin einfach vergessen hatte, die entsprechenden Informationen zusammen zu stellen. Das sollte nicht vorkommen.

Nicht nur vom Aspekt der Informationsweitergabe haben diese Bekanntmachungen eine wichtige Funktion. Sie können auch den Inhalt der sich anschließenden Fürbitten bestimmen, die auf diese Weise sehr viel persönlicher werden, als wenn sie ganz allgemein formuliert sind. – Aus diesen Überlegungen ergibt sich folgender liturgischer Ablauf:

Begrüßung	Persönlich
Glockengeläut	Von CD
Musik zu Beginn	
Introitus	Im Namen des Vaters und des Sohnes und des Heiligen Geistes. *Amen.* Unsere Hilfe steht im Namen des Herrn, *der Himmel und Erde gemacht hat.* Der Herr sei mit euch. *Und mit deinem Geist.*
Lied	
Psalm	Entweder immer Psalm 23 oder jedenfalls die bekannteren (je nach Kirchenjahreszeit)
Gebet	
Bibellesung	Sollte der Text sein, der der Ansprache zugrunde liegt
Glaubensbekenntnis	Das Apostolische; können die meisten mitbeten
Lied	
Ansprache	
Lied	
Abkündigungen	Wer ist neu? Wer liegt im Krankenhaus? Wer ist verstorben? Geburtstage? Hier ist mit der Altenheimverwaltung geklärt werden, ob dies möglich ist und die entsprechenden Informationen zur Verfügung gestellt werden, um Probleme mit dem Datenschutz zu vermeiden. Auf die entsprechenden Anlässe kann dann im Fürbittengebet eingegangen werden.
Fürbitten	s. o.; auch für die Mitarbeitenden beten!
Vaterunser	
Segen	Klassische Formulierungen, bes. der aaronitische Segen: Gott, der Herr, segne und behüte dich; er lasse leuchten sein Angesicht auf dir und sei dir gnädig; der Herr erhebe sein Angesicht auf dich und gebe dir Frieden. Amen
Musik	
Verabschiedung	Persönlich

Blickfeld 9: Lesungen und Gebete

Als Psalmlesung zu Beginn des Gottesdienstes bietet es sich an, entweder einen immer gleichen Psalm zu sprechen, etwa den 23. Dazu können die Besucherinnen und Besucher zum Mitbeten eingeladen werden. Die allermeisten kennen diesen Text auswendig und sprechen gern mit. Hierbei muss man als Liturg, wie auch beim gemeinsamen Glaubensbekenntnis und beim Vaterunser, besonders gut auf das Sprechtempo achten. Als Alternative zum immer gleichen Psalm ist es auch gut möglich, einen Psalm, der zu der jeweiligen Zeit im Kirchenjahr passt, auszuwählen und diesen dann als Begleiter durch diesen Kirchenjahresabschnitt zu haben. Im Advent eignet sich da Psalm 24 sehr gut. Für die Passionszeit könnten Verse aus Psalm 22 ausgewählt werden.

Als Bibellesung bietet es sich an, entweder den Predigttext oder einen anderen zum Thema passenden Text zu nehmen. So kann eine gewisse Textlastigkeit verhindert werden, da bei der Predigt kein neuer Text mehr eingeführt werden muss. Bei den großen kirchlichen Festen Weihnachten, Karfreitag, Ostern, Himmelfahrt und Pfingsten verwende ich die jeweilige Erzählung aus einem der Evangelien. Ich habe mich für die entsprechenden Texte aus dem Lukasevangelium bzw. der Apostelgeschichte entschieden. In der Regel verwende ich die Lutherbibel, weil sie den höchsten Wiedererkennungswert bei den Besucherinnen und Besuchern hat.

Im Gottesdienstablauf sind neben Vaterunser und Apostolischem Glaubensbekenntnis noch zwei weitere Gebete vorgesehen. Sie sollten möglichst kurz gehalten werden. Das Eingangsgebet kann neben der Bitte um Sammlung und „Wachheit" Aspekte des Themas aufgreifen. Ein wesentlicher Bestandteil des Fürbittengebetes am Ende können die konkreten Ereignisse in der seit dem letzten Gottesdienst vergangenen Zeit sein (Geburtstage, Krankenhausaufenthalte, neu Zugezogene, Verstorbene, neue Mitarbeitende). Es ist zu erwägen, für jede dieser Zielgruppen während des Gebetes jeweils eine Kerze anzuzünden und auf den Altar zu stellen. Als immer wiederkehrendes Ritual erinnert es an die Vielfältigkeit des Lebens auch in einem Altenheim. Freud und Leid kann so sichtbar werden.

Blickfeld 10: Predigttext

Als roter Faden durchzieht meine Predigten die frohe Botschaft, das Evangelium vom Angenommensein und der Begleitung durch Gott. Die Gottesdienstgemeinde soll etwas von der Zuwendung und Begleitung Gottes spüren, gerade in einer Situation, in der sich mancher abgeschoben, ungeliebt, allein und nicht wertgeschätzt fühlt.

NACH DEM FESTKALENDER PREDIGEN

Daraus folgt, dass nicht alle Texte für diesen Kasus geeignet sind. Eine Orientierung am liturgischen Kalender ist schwierig. Sehr sinnvoll ist eine Orientierung am kirchlichen Festkalender.

ZEICHENHAFT PREDIGEN

Ich habe gute Erfahrungen mit Psalmtexten sowie Jesusworten und Jesusgeschichten gemacht. Dabei versuche ich, den Inhalt mit Hilfe vertrauter Gegenstände zu verdeutlichen. Diese Gegenstände habe ich jeweils dabei, zeige sie und lege sie nach oder während der Ansprache für alle gut sichtbar auf den Altar. Ich stelle dabei immer wieder fest, dass die Menschen sich gut darauf einlassen und mitgehen.

Falls es möglich ist, den Gottesdienst im eigenen Zimmer über Radio zu hören, so müssen die mitgebrachten Gegenstände benannt und beschrieben werden.

Es ist mir wichtig, möglichst auf Dinge zu sprechen zu kommen, zu denen die alten Menschen einen Bezug haben, Situationen zu benennen, die sie selber nachvollziehen können. Je nach Thema kann die Gemeinde bewusst in das Predigtgeschehen mit einbezogen werden. Die Menschen haben wichtige Lebenserfahrungen, die sie einbringen können, die helfen, einen biblischen Text auszulegen und zu verstehen.

Die Kunst des/der Predigenden besteht dann darin, das eigene Konzept ein Stück weit aus der Hand zu geben und sich auf die Überraschungen des Lebens einzulassen. Eine große Präsenz des/der Predigenden ist erforderlich, um die einzelnen Statements in das Thema einzubinden. Das Leben der einzelnen Menschen wird ernst genommen und es kann sich eine dialogische Predigtform entwickeln, wobei jeder Äußerung Wertschätzung entgegen gebracht wird.

Ein Blick auf das Ganze

Keine „kleinen" Sonntagsgottesdienste, sondern Gottesdienste mit eigener Prägung, an den Bedürfnissen der Menschen vor Ort orientiert und speziell für sie vorbereitet und gehalten – darum muss es gehen! Alle genannten „Blickfelder" sind wichtig dabei und sollen miteinander ins Gespräch kommen. Nur so kann der Gottesdienst zu einem in sich stimmigen Ganzen werden, wie anhand der Grafik (s. u.) deutlich wird. Dass dabei die Gottesdienstgemeinde im Mittelpunkt steht, ist beabsichtigt. Die Menschen haben ein Recht darauf, dass ich mich an ihnen und ihrer Situation orientiere.

Die einzelnen „Blickfelder" machen ebenfalls deutlich, wie wichtig gute, verlässliche Absprachen sowie eine gelungene Kommunikation und Kooperation zwischen dem externen Pfarrer / der

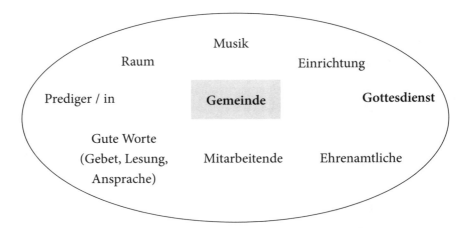

Musik
Raum   Einrichtung
Prediger / in   **Gemeinde**   **Gottesdienst**
Gute Worte
(Gebet, Lesung,   Mitarbeitende   Ehrenamtliche
Ansprache)

Pfarrerin und den vielen intern Beteiligten sind. So können Gottesdienst im Altenheim zu Feiern werden, die den Segen Gottes mit Herzen, Mund und Händen erfahrbar werden lassen, die Gottes seelsorgliches Handeln an alten Menschen deutlich werden lassen, wie es in Jesaja 46,4 zum Ausdruck kommt.

Ansprachen mit Symbolen

In die folgenden Ansprachen ist jeweils ein Bibeltext eingebaut. Im Gesamtzusammenhang des Gottesdienstes sollte er an der Stelle „Bibellesung" vorkommen.

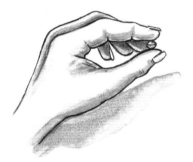

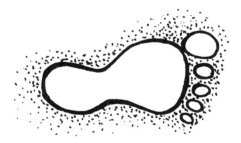

1 Der Stein im Magen und der Fels in der Brandung – Symbol „Stein"

Psalm 62 i. A.

Gnade sei mit uns und Friede von Gott, unserem Vater,
und dem Herrn Jesus Christus. Amen.

LIEBE GEMEINDE,

Immer, wenn ich in diesen Tagen mit meinem Hund draußen bin und mir dabei meinen Weg mühsam durch den vielen Schnee bahne und manchmal dabei auch ins Rutschen komme, dann denke ich, wie gut ist es doch, wenn man einen festen, stabilen Untergrund hat. Einen Untergrund, der hält und trägt, etwa einen Untergrund aus festem Stein. Einen solchen festen Stein habe ich Ihnen heute mitgebracht.

Großen Stein hochhalten und zeigen; etwas beschreiben für die Menschen mit starken Sehproblemen, diese vielleicht den Stein auch anfassen lassen.

Ich mag Steine. Ich habe eine Steinsammlung auf der Terrasse, zwischen den Blumentöpfen. Mein Sohn hat, als er noch klein war, eine ganze Weile Steine gesammelt, immer beim Spazierengehen war er auf der Suche nach besonders schönen und ausgefallenen Exemplaren.

Der hier *(auch zeigen)* ist auch von ihm. Schön ist er, herzförmig. Als mein Sohn ihn mir schenkte, habe ich mich sehr gefreut. Doch ich weiß, dass Steine auch ganz andere Gedanken bei uns Menschen auslösen können. Sie kennen sicher das Sprichwort: „Das liegt mir wie ein Stein …

An dieser Stelle führten einige Besucher den Satz auf eigene Weise fort, indem sie sagten: „… auf dem Herzen!" Das habe ich aufgenommen und bin im Fol-

genden an den entsprechenden Stellen immer wieder darauf zu sprechen ge-
kommen. Eigentlich hatte ich folgende Fortsetzung auf dem Papier stehen:)

… im Magen." – Wer hat das nicht schon einmal gesagt oder zumindest gedacht? Sorgen, vielleicht eine Erkrankung, das Nach-
lassen der eigenen Kräfte – das alles kann wie ein Stein im Magen
liegen. Genauso wie die Sorgen um Menschen, die uns nahe stehen
und die Sorgen um unsere gute alte Mutter Erde. Ja, liebe Schwestern und Brüder, Sorgen können wie Steine im Magen liegen.

Sie kennen sicher noch das Märchen vom Wolf und den sieben
Geißlein. Der Wolf hat am Ende des Märchens so viele Steine im
Magen, dass er das Gleichgewicht verliert und jämmerlich daran
zugrunde geht. Keine verlockenden Aussichten!

Steine können mir im Magen liegen. Sie können mir im Weg liegen, können für mich bedrohlich werden, können mir Angst machen. Das ist die eine Seite.

Hier besteht die Möglichkeit, mit der Gemeinde ins Gespräch zu kommen, etwa:
„Welche Steine liegen denn Ihnen im Magen / auf der Seele?"

Die andere Seite ist das Gute, das Aufbauende, was von Steinen
ausgehen kann. Aus Steinen kann ich etwas bauen, eine Brücke
etwa oder einen Weg oder Häuser. Vor Jahrtausenden haben Menschen angefangen aus Steinen Werkzeuge zu bauen. Und das war
eine riesengroße Erleichterung.

Das, was den Stein einerseits bedrohlich erscheinen lässt, nämlich seine Härte, macht ihn auf der anderen Seite ungeheuer wert-
voll und nützlich für uns. Ein Stein ist fest, ist hart, steht sicher und
stabil. „Du bist für mich wie ein Fels in der Brandung." Auch diesen Satz kennen Sie sicher.

Ein Fels in der Brandung, das ist einer, zu dem ich absolutes Vertrauen habe. Das ist einer, auf den ich mich total verlassen kann.
Einer, dem die Stürme des Lebens nicht anhaben. Es ist einer, an
den ich mich anlehnen kann, ohne Angst haben zu müssen mit

ihm zusammen umzufallen. Sie haben sicherlich im Lauf Ihres Lebens Menschen an Ihrer Seite gehabt, die Ihnen Fels in der Brandung waren, und sind ebenfalls anderen selbst Fels in der Brandung gewesen.

In der Bibel, vor allem in den Psalmen, dem Gebet- und Liederbuch des Volkes Israel, wird gern von Gott als dem Fels gesprochen: *„Gott, sei mir ein Fels und eine Burg!"* – heißt es in Psalm 31. Oder in Psalm 62 sagt der Psalmbeter: *„Gott ist mein Fels, meine Hilfe, mein Schutz, dass ich nicht fallen werde."* Das ist gut zu wissen, liebe Gemeinde.

Ganz egal, was auch passiert: Bei Gott finde ich den Halt, den ich brauche. Er schützt und hält mich, auch wenn alles um mich herum zu wanken scheint. Das gibt mir Hoffnung und Zuversicht im Leben. Ich vertraue auf Gott in den Zeiten, in denen es mir gut geht und in den Zeiten, in denen es mir schlecht geht.

Mit dieser Zuversicht können wir unsere Zeit getrost aus Gottes starken und treuen Händen nehmen. Mit dieser Zuversicht können wir in die restlichen 354 Tage des neuen Jahres 201_ gehen. Gott ist uns dabei der Fels in der Brandung unseres Lebens.

Und der Friede Gottes, der höher ist als alle Vernunft,
bewahre unsere Herzen und Sinne in Christus Jesus, unserm Herrn.
Amen.

2 Seien Sie gut behütet! – Symbol „Hut"

Gnade sei mit uns und Friede von Gott, unserem Vater, und dem Herrn Jesus Christus. Amen.

Psalm 121

LIEBE GEMEINDE,

Mögen Sie Hüte?

Strohhut zeigen

Ich ja! Ich liebe es, in den Hutabteilungen der Kaufhäuser zu stöbern und nach Herzenslust Hüte anzuprobieren. Dabei ist es ganz gleich, ob der Hut aus Filz oder Stoff oder – wie der hier – aus Stroh ist. Auch eine schicke Ledermütze ist nicht schlecht. Und ein Hut mit einem kleinen Schleier – das wäre die Krönung!

Vielleicht bin ich ja erblich vorbelastet. Meine Mutter mochte auch Hüte, war sogar Hutmacherin von Beruf. Und ich glaube, auch meine Töchter sind Hüten gegenüber nicht abgeneigt.

Wenn ich in den Hutabteilungen der Kaufhäuser stöbere, bin ich immer in Versuchung, mir einen Hut zu kaufen. Aber dann siegt doch meist die Vernunft. Denn wohin sollte ich einen solchen Hut anziehen? Zum Pferderennen gehe ich selten bis nie. Und im Urlaub an der stürmischen Nordseeküste würde er mir sicherlich schnell vom Kopf gefegt. Und sonst? Ich weiß nicht recht. Das traue ich mich dann doch eher nicht.

Ein Hut – ein modisches Accessoire – oder mehr? Ein Hut kann mich im Winter vor Kälte schützen und im Sommer vor allzu großer Sonneneinstrahlung. Und wenn er aus dem richtigen Material gefertigt ist, dann kann er auch vor Nässe bewahren. Ein Hut – also nicht nur modisch-witziger Bestandteil der Kleidung, mit dem ich heutzutage aus dem Rahmen falle, sondern durchaus sinnvoll und nützlich.

Mit einem Hut bin ich gut dran. Ich bin behütet, im wahrsten Sinne des Wortes. Vom Behütetsein ist auch in Psalm 121 die Rede. Viele von Ihnen kennen diesen Text:

Ich hebe meine Augen auf zu den Bergen. Woher kommt mir Hilfe? Meine Hilfe kommt vom Herrn, der Himmel und Erde gemacht hat. Er wird deinen Fuß nicht gleiten lassen und der dich behütet, schläft nicht. Siehe, der Hüter Israels schläft und schlummert nicht. Der Herr behütet dich; der Herr ist dein Schatten über deinen rechten Hand, dass dich des Tages die Sonne nicht steche noch der Mond des Nachts. Der Herr behüte dich vor allem Übel. Der Herr behüte deinen Ausgang und Eingang von nun an bis in Ewigkeit.

Der Psalmbeter formuliert es mal als Wunsch, mal als Aussage. Da steht: Gott möge dich behüten. Und dann auch: Gott behütet dich – als Aussage. In die Hoffnung auf das Behütetsein durch Gott mischt sich die Zuversicht, die Erfahrung, dass dem so ist.

Was bedeutet es denn, wenn der Psalmbeter so spricht? Was heißt behütet sein? *Behütet sein* heißt beschützt sein, heißt sicher sein vor Gefahren und Unannehmlichkeiten, heißt auch geborgen sein. In einem modernen Kirchenlied wird so formuliert: „Bewahre uns, Gott, behüte uns, Gott! Sei mit uns auf allen Wegen! Sei Quelle und Brot in Wüstennot, sei um uns mit deinem Segen!" *Behütet sein* bedeutet begleitet werden. *Behütet sein* hat ganz viel mit gesegnet sein zu tun.

Sie kennen die Segensformel am Ende eines jeden Gottesdienstes. Und auch nachher am Ende dieses Gottesdienstes werden Sie sie hören: *Gott segne dich und behüte dich!* Ein Mensch, der behütet ist, hat's gut. Er kann mit den Erfahrungen und Erlebnissen seines Lebens anders umgehen als einer, der nicht behütet ist.

Ihnen ist die Redewendung von einer behüteten Kindheit sicher geläufig. Das bedeutet doch eine Kindheit, die begleitet wurde von

Vertrauen, Gemeinschaft, von dem Bewusstsein, auch mal Fehler machen zu dürfen, ohne dass die Welt gleich untergeht. Wer eine behütete Kindheit hat, kann sich fallenlassen, weil er weiß: Ich werde aufgefangen. Ich kann so sein, wie ich bin, mit all meinen Schwächen und Stärken. Wie arm ist das Kind dran, das keine behütete Kindheit hatte! Es wird in seinem späteren Leben die Auswirkungen davon spüren.

Eine behütete Kindheit bei den Eltern geht irgendwann zu Ende. Doch bei Gott sind wir Kinder ein Leben lang. Er behütet uns in allen Lebenslagen, ob wir Kind, Jugendlicher oder Erwachsener sind. Ob wir gesund sind oder krank, ob wir jung sind oder alt. Gott geht die ersten Schritte mit uns ins Leben hinein und ist bei unseren letzten Schritten hier auf der Erde auch da. Und auch danach lässt er uns nicht im Stich. Unter Gottes großem Hut ist genügend Platz für eine jede und einen jeden von uns. Seien Sie gut behütet an allen Tagen Ihres Lebens!

Und der Friede Gottes, der höher ist als unsere Vernunft,
bewahre unsere Herzen und Sinne in Christus Jesus, unserm Herrn.
Amen.

3 Mit leichtem Gepäck reisen – Symbol „Koffer" (im Abendmahlsgottesdienst)

Matthäus 11,28–30

Gnade sei mit uns und Friede von Gott, unserem Vater,
und dem Herrn Jesus Christus. Amen.

LIEBE SCHWESTERN UND BRÜDER,

können Sie sich an Ihre letzte Reise erinnern? Vielleicht liegt sie schon länger zurück, vielleicht ist es auch erst kürzlich gewesen, dass Sie verreist sind. Vielleicht waren Sie zu Besuch bei Ihren Kindern oder gemeinsam mit anderen Bewohnerinnen und Bewohnern auf einer Freizeit.

Ich verreise gern. Das Einzige, was dies ein klein wenig trübt, ist die Packerei im Vorfeld. Was nehme ich mit? Welche Kleidung benötige ich wirklich? Wie gut, dass mein Mann und ich in der Regel mit dem Auto und nur zu zweit fahren! Denn da kommt es auf die Menge des Gepäcks nicht an. Das Auto fährt mich von Haustür zu Haustür, sodass ich mein Gepäck nur einige Schritte oder Meter tragen muss. Und trotzdem fasse ich nach jeder Reise den Entschluss: Beim nächsten Mal nimmst du weniger mit! Denn vieles von dem, was ich eingepackt habe, ist unbenutzt geblieben, ist eigentlich überflüssig gewesen. Mit leichtem Gepäck reisen – das nehme ich mir jedes Mal fest vor!

Ganz besonders bemerkbar macht sich die Entscheidung in Sachen Gepäck, wenn ich mit dem Rucksack unterwegs bin. Da ist jedes Gepäckstück mehr oder weniger deutlich zu spüren: im Rücken, auf den Schultern, in den Beinen, eigentlich überall im Körper und nicht nur dort. Viel – vielleicht zu viel – tragen zu müssen hat auch Auswirkungen auf die Stimmung, auf die Seele. Wie schön wäre es doch, mit leichtem Gepäck reisen zu können!

was für eine Urlaubsreise gilt, gilt erst recht für die Lebensreise. Ach, könnte ich doch auch auf meiner Lebensreise mit leichtem Gepäck unterwegs sein! Ach, könnte ich doch jeden Tag ganz unbeschwert und unbelastet beginnen! Doch so sehr ich es mir wünsche, es geht nicht. Denn was schleppe ich nicht alles mit mir herum!

Da sind vielleicht Sorgen um die Gesundheit. Ich spüre mit zunehmendem Alter, dass ich nicht mehr so belastbar bin wie früher. Dass ich schneller müde werde, vielleicht sogar, dass ich bestimmte Dinge nicht mehr so gut oder gar nicht mehr kann. Oder es gibt Sorgen in der und um die Familie: Beziehungen, die nicht so sind, wie sie sein sollten, Beziehungen zwischen Alt und Jung, zwischen Mann und Frau.

Und nicht nur Sorgen sind es, die ich tragen muss. Es sind auch Erlebnisse, Erfahrungen, Erinnerungen, die ich mit mir herumschleppe. An vieles erinnere ich mich gern. Das wiegt dann in der Regel nicht schwer. Doch das Belastende wiegt umso schwerer. Vielleicht Kriegserlebnisse, die der ein oder die andere von Ihnen gemacht hat; vielleicht schwere Zeiten in der Familie oder im Beruf. Vielleicht der Umzug ins Altenheim. Vielleicht Erlebnisse, über die man nie so richtig reden konnte. All dies wiegt schwer, gibt dem Gepäck auf meiner Lebensreise viel Gewicht. Kennen Sie solche Gepäckstücke auf Ihrer Lebensreise? – Ich habe einen Koffer mitgebracht. Er ist voll bepackt mit Erlebnissen, Erfahrungen und Erinnerungen.

Großen Koffer hervorholen und zeigen

Während wir gleich Musik hören, lade ich Sie ein darüber nachzudenken.

Musik

Wenn ich auf meiner weiteren Lebensreise mit leichtem oder zumindest leichterem Gepäck reisen will, dann muss ich innehalten und mir Zeit zum Aussortieren nehmen.

Leichter gesagt als getan. Was brauche ich wirklich nicht mehr? Was schon beim Ausmisten des Kleiderschrankes so schwer fällt, wird erst recht zum Problem, wenn es um das Ausmisten des Lebensgepäcks geht. Es kann doch sein, dass ich etwas aussortiere, was sich später doch noch als notwendig erweist. An manchem hängen doch auch Erinnerungen, gute und weniger gute, die kann ich doch nicht so einfach über Bord werfen. Allein bin ich oft überfordert und übersehe so manches.

Besser geht das mit Unterstützung. Denn oft sieht einer von außen viel schneller und deutlicher, womit ich mich unnötig beschwert habe. Das ist ja kein Geheimnis, dass vieles mit Unterstützung wesentlich besser und schneller geht als allein. Vielleicht sagen Sie jetzt: gut und schön, doch wer soll das sein, der mir beim Ausmisten hilft? Es hat doch jeder und jede das eigene Päckchen zu tragen! Nun ich kenne einen, der hat immer Zeit. Jesus sagt uns:

Kommt her zu mir alle, die ihr mühselig und beladen seid; ich will euch erquicken!

Das ist eine Einladung, wie sie freundlicher nicht sein könnte! Bei Jesus, bei Gott kann ich all das loswerden, was mich belastet.

Koffer öffnen und exemplarisch einzelne Pakete, die beschriftet sind – z.B. „Krankheit", „Kriegserlebnisse", „Flucht", „Hunger", „Tod", „Alleinsein", „Einsamkeit"– herausholen; jeweils nach dem Verlesen werden die einzelnen Pakete auf den Altar gelegt.

Mein Koffer ist nun wirklich viel leichter als vorher. Und das tut gut.

Kommt her zu mir alle, die ihr mühselig und beladen seid; ich will euch erquicken!

Diese Einladung Jesu richtet sich an alle, die sich davon anrühren lassen. Im Abendmahl, im gemeinsamen Teilen von Brot und Wein, wird sie besonders greifbar und erfahrbar. Gott lädt uns ein an seinen Tisch. Er will, dass wir Gemeinschaft mit ihm und Gemeinschaft untereinander haben. Gott weiß, wie uns zumute ist, einem jeden und einer jeden von uns. Gott weiß, dass wir bisweilen unter den Lasten des Alltags zu zerbrechen drohen. Gott weiß, dass wir Hilfe, Unterstützung und Stärkung brauchen, damit wir unser Lebensgepäck gut schultern können.

Und der Friede Gottes, der höher ist als alle Vernunft,
bewahre unsere Herzen und Sinne in Christus Jesus unserem Herren.
Amen.

4 Lobet den Herren alle, die ihn ehren – Liedpredigt zu einem runden Geburtstag

EG 447, 1 und 2

Der Anlass für diese Andacht war der 75. Geburtstag einer Dame, die mit ihrem Ehemann zusammen seit einigen Jahren in einem Seniorenstift lebt. Beide, die Jubilarin und ihr Ehemann, erfreuen sich guter Gesundheit, sind geistig rege und haben vielfältige Interessen. Eine große Leidenschaft beider ist die Musik. Der Choral „Lobet den Herren alle, die ihn ehren" war ihr Familienlied, das regelmäßig und erst recht bei besonderen Anlässen gesungen wurde.

Es lag auf der Hand, dieses Familienlied als Grundlage für die Ansprache zu nehmen. Die Jubilarin selber wusste nichts davon. Der Text der ausgewählten Strophen lag den Gästen als Liedblatt vor.

Wenn Andachten aus Anlass eines (runden) Geburtstages gewünscht werden, empfiehlt es sich im Vorfeld bei einem Besuch zu klären, ob es im Leben des Jubilars / der Jubilarin ein solches Lied oder einen Bibelvers gibt, der ihn oder sie ein Leben lang begleitet hat.

Im Folgenden wird der Text der Ansprache abgedruckt, der eine kurze Begrüßung, der Choral „Nun danket alle Gott mit Herzen, Mund und Händen…" sowie ein kurzes Gebet vorausgingen.

LIEBE FRAU H.! VEREHRTE GÄSTE!

Ein Jubiläum, ein 75. Geburtstag, ist ein Anlass zum dankbaren Rückblick und zum hoffnungsfrohen Blick nach vorn. Ihr Familienlied, liebe Frau und lieber Herr H., vereint beides, und zwar in guten Worten und mit einer schönen, eingängigen Melodie.

Eingebettet in die Aufforderung, Gott zu loben, lässt es die Dankbarkeit für alles, was wir sind und was wir haben, und die Hoffnung auf Gottes lebenslange Begleitung Sprache und Musik werden. Der

Text des Liedes stammt von Paul Gerhardt, jenem bekannten Dichter aus der Zeit des 30-jährigen Krieges, dessen runden Geburtstag (den 400.) wir vor wenigen Jahren begangen haben. Bei ihm steht das Gotteslob über allem, das *freudige* Gotteslob! Den einen oder anderen, der ein wenig von der Biografie Paul Gerhardts weiß, mag das verwundern. Seine Frau und seine Kinder sind früh gestorben; seine Lebenszeit ist geprägt vom Krieg; in der Gemeinde, in der er arbeitete, gab es große Probleme, die schließlich in einer Strafversetzung mündeten – um nur einige Details zu nennen. Und doch bestimmt das freudige Gotteslob seinen Glauben.

Auch Ihr Leben, liebe Frau H., ist eingebunden in den tiefen Glauben an Gott. Das Gotteslob spielt auch in Ihrem Leben eine wichtige Rolle, sowohl in den Hoch-Zeiten Ihres Lebens als auch an den Tief-Punkten. Wir alle wollen in das Lob Gottes einstimmen und die 1. Strophe dieses Lobliedes, das zu Ihrem Familienlied geworden ist, singen.

Lobet den Herren alle, die jhn ehren;
lasst uns mit Freuden seinem Namen singen
und Preis und Dank zu seinem Altar bringen.
Lobet den Herren!

Gott als Schöpfer des Lebens, Gott als Bewahrer und Erhalter des Lebens – so lässt Paul Gerhardt uns weiter singen. Nicht nur unser eigenes Lebens, sondern auch das Leben all derer, die uns wichtig sind, kommt hier in den Blick. Sie, liebe Frau H., sind eingebettet in eine große Familie. Herr H., Ihr Mann, Ihrer beider Kinder U., J. und J., die Schwiegerkinder M. und S., die Enkelkinder M., J., E., J. und M. Dazu noch die Geschwister, Schwägerinnen, Neffen, Nichten. Und die Freundinnen und Freunde. Sie alle sind Ihnen wichtig und Sie sind Ihnen wichtig.

An dieser Stelle sind entsprechende Menschen aus der Biografie des jeweiligen Jubilars/der Jubilarin einzufügen.

Auch das ist ein Grund Gott zu danken und zu loben. Wir singen die zweite Strophe:

Der unser Leben, das er uns gegeben,
in dieser Nacht so väterlich bedecket
und aus dem Schlaf uns fröhlich auferwecket:
Lobet den Herren!

Aktiv sein, interessiert sein, sich regen und bewegen können: Was das bedeutet, nehmen wir oft erst dann richtig zur Kenntnis, wenn es nicht mehr oder nur noch eingeschränkt möglich ist. Wie schön ist das doch, seine Sinne brauchen zu können. Sie, liebe Frau H., können es und tun es. Und das ist gut so!

Ich habe Sie, liebe Frau H., in den fast 15 Jahren, in denen wir uns kennen, als jemanden erlebt, der sich für seine Mitmenschen interessiert, der aufgeschlossen und offen ist, in einem positiven Sinn neugierig ist, Menschen und Orte betreffend. Was haben Sie mit Ihrem Mann zusammen für schöne Reisen unternommen in den Jahren seit der Pensionierung. Was haben Sie beide alles gesehen und erlebt! Immer mal wieder über den Tellerrand hinausschauen und dann gern wieder zum eigenen Teller zurückkommen – das könnte Ihr Motto sein. Und immer ein gutes Wort, einen Rat und Unterstützung anbietend, auch das ist eine Eigenschaft, die ich mit Ihnen verbinde, und da bin ich sicher nicht die einzige!

Dass Ihnen die wachen Sinne und die Beweglichkeit, körperlich und geistig, noch lange erhalten bleiben mögen, das wünsche ich Ihnen! Die dritte Strophe Ihres Familienliedes erzählt davon.

Dass unsre Sinnen wir noch brauchen können
und Händ und Füße, Zung und Lippen regen,
das haben wir zu danken seinem Segen.
Lobet den Herren!

Doch was ist der Blick zurück ohne den Blick nach vorn? Was nützt es, in der Erinnerung zu schwelgen und darüber das Heute und das Morgen zu vergessen? Sie, liebe Frau H., stehen mit beiden Beinen auf dem Boden des Heute. Sie stellen sich neuen Herausforderungen. So haben Sie sich nicht davor gescheut, einen Computerkurs für Senioren zu belegen und sind seither z. B. perfekt im Schreiben von Emails. Und auch das Handy ist für Sie kein Buch mit sieben Siegeln. Sie können SMS versenden. Mir imponiert das sehr. Versuche ich doch seit Jahren schon, meinem Mann das „simsen" beizubringen. Bislang ohne Erfolg!

Den dankbaren Blick in die Vergangenheit richten und den Blick nach vorn auf das Heute und auf das Morgen nicht vergessen und beides im Vertrauen darauf tun, dass unser Gott uns dabei begleitet – das ist eine gute Basis für gelingendes Leben. Meine guten Wünsche für Ihr Heute und Morgen, liebe Frau H., fasst die siebte Strophe Ihres Familienliedes so schön zusammen, wie ich es schöner nicht formulieren könnte:

Gib, dass wir heute, Herr, durch dein Geleite
auf unsern Wegen unverhindert gehen
und überall in deiner Gnade stehen.
Lobet den Herren!

Die Andacht endet mit Vaterunser und Segenswort.

5 Kleines Körnchen ganz groß! – Symbol „Senfkorn"

Markus 4,30–34 (<u>nicht</u> vorher lesen, sondern während der Ansprache!)

Gnade sei mit uns und Friede von Gott, unserm Vater,
und dem Herrn Jesus Christus. Amen.

LIEBE SCHWESTERN UND BRÜDER,

heute Morgen brauchen Sie gute Augen! Das mag Sie jetzt erstaunen. Geht es in einem Gottesdienst nicht vielmehr ums Hören? Also sind doch eher gute Ohren gefragt. Klar, gute Ohren brauchen Sie heute Morgen auch, aber eben auch ganz besonders gute Augen!

Gute Augen, so wenden Sie jetzt vielleicht in Gedanken ein, die brauche ich doch nicht nur heute Morgen, sondern jeden Tag. Wer von Ihnen, so wie ich, auf eine Sehhilfe angewiesen ist, weiß, wie unangenehm und bisweilen auch gefährlich es ist, wenn man nicht richtig sieht.

Ich benötige eine Lesebrille. Wenn ich sie mal wieder nicht finde, weil ich sie irgendwo habe liegenlassen, und versuche, ohne Brille zu lesen, dann merke ich, wie verschwommen alles ist.

Also, noch einmal schnell die Brille geradegerückt und noch einmal drüber geputzt, damit sie sauber ist. Denn Sie brauchen jetzt wirklich besonders gute Augen. Ich habe Ihnen etwas mitgebracht, das sehr, sehr klein ist. Eigentlich hatte ich es in meiner Talartasche, aber ich habe es vorhin fast schon nicht mehr gefunden und da hab ich es vorsichtshalber schon mal hier auf die Ablage des Lesepultes gelegt.

Senfkorn holen und zeigen

Können Sie es sehen? Nein? Auch Sie nicht in den vorderen Reihen? Hm, es ist auch wirklich sehr klein. Sieht fast aus wie ein

Staubkorn. Würde es mir aus der Hand fallen, dann würde ich es vermutlich nicht mehr wiederfinden. Und würde es hier irgendwo auf dem Boden liegen, so würde sich wohl niemand die Mühe machen, sich zu bücken und es aufzuheben. Einfach, weil es niemand bemerken würde.

Es ist ein Senfkorn. Klein und unscheinbar ist es, kaum der Rede und der Beachtung wert ... – Wirklich nicht? Eigentlich ist solch ein kleines Körnchen ein Wunder. Denn bei richtiger Handhabung und ein klein wenig Pflege kann daraus etwas wachsen. Es wird eine Pflanze daraus, sogar eine recht große Pflanze. Auf den Feldern hier bei uns sind solche Senfpflanzen nach der Ernte zu sehen, wenn die Bauern als Gründünger Senf aussäen und die Saat dann aufgeht. Sie sehen ein bisschen aus wie Raps, blühen zartgelb.

Der Unterschied zwischen dem klitzekleinen Senfkörnchen hier und der ausgewachsenen Senfpflanze könnte größer nicht sein. Es ist ein Wunder, dass aus solch einem kaum sichtbaren Körnchen etwas Großes wachsen kann, etwas, das nicht mehr zu übersehen ist.

Bevor ich letztes Jahr hier nach H. umgezogen bin, habe ich viele Jahre an einer Realschule Religionsunterricht erteilt. Und da habe ich mit einer 5. Klasse zu Beginn eines neuen Schuljahres Senfkörner im Blumentopf ausgesät und wir haben beobachtet, was damit passiert. Wir hatten kleine Gruppen zu je fünf Schülern gebildet, die sich um je einen Topf kümmern sollten. Obwohl es keine Großstadtkinder waren, haben sie doch sehr gestaunt, was aus solch einem kleinen Körnchen bei entsprechender Pflege werden kann. Und sie haben auch gemerkt, was passiert, wenn sie sich nicht gekümmert haben, wenn sie z. B. das Gießen vergessen haben. Und dass es durchaus Auswirkungen auf das Gedeihen hat, an welchen Platz sie ihre Pflanze gestellt haben, ob ans Fenster oder irgendwo in eine dunkle Ecke. Ich kann mich noch gut daran erinnern, dass einige der Schüler das Wort „Wunder" in diesem Zusammenhang benutzt haben.

Ja, liebe Schwestern und Brüder, es ist wirklich ein Wunder, dass aus solch einem klitzekleinen Körnchen etwas Großes werden kann. Es ist und bleibt ein Wunder, auch wenn die Biologie uns erklären kann, woran das liegt. Dass nämlich der Keim des Senfkörnchens schon alles im Kleinen enthält, was dann wächst und zu einer richtig großen Pflanze wird. Die Naturwissenschaften können vieles erklären. Aber *warum* in dem kleinen Körnchen schon ein solcher Keim enthalten ist, das kann sie nicht erklären. Das ist und bleibt ein Wunder.

In der Bibel ist das Bild des Senfkornes, aus dem eine große Pflanze wächst, ein Bild für das Reich Gottes. Vielleicht kennen Sie Jesu Gleichnis, in dem er vom Wachsen des Gottesreiches erzählt und es mit einem Senfkorn vergleicht. Der Evangelist Markus erzählt dieses Gleichnis so:

Lesung: Markus 4,30–34

Jesu Zuhörer kennen sich mit Senfkörnern aus. Sie wissen, Senfkörner sind die kleinsten Samenkörner, die es gibt. Und dass daraus eine Pflanze werden kann, die 2 bis 3 Meter hoch ist, das wissen sie auch. Matthäus und Lukas erzählen sogar, dass daraus ein Baum wird. Jedenfalls wird die Pflanze so groß, dass Vögel darin nisten können. Kaum zu glauben, wenn ich mir das klitzekleine Ding da in meiner Hand anschaue! – So wie mit dem Senfkorn so ist das auch mit dem Gottesreich, sagt Jesus. Auch das Gottesreich beginnt klitzeklein und unscheinbar, wird oft übersehen und nicht wahrgenommen. Und doch ist es da und wächst und wird groß, so groß, dass es eines Tages nicht mehr übersehen werden kann. Gott pflanzt es mir ins Herz und dort kann es wachsen mein Leben lang und darüber hinaus.

Was wir, liebe Schwestern und Brüder, eine jede und ein jeder von uns, letztlich mit dem Samen machen, der uns von Gott anvertraut ist, liegt an uns. Dass es zwischendurch auch immer einmal Phasen gibt, in denen wir am Wachsen der Saat zweifeln, liegt in der Natur der Sache. Man kann nicht jeden Tag einen Fortschritt erkennen. Wenn wir dann an das kleine Senfkorn denken und dass daraus ein großer Baum wird, der den Vögeln Heimat bietet, wird unsere Verzweiflung schwinden und Mutlosigkeit wird neuer Zuversicht Platz machen.

Um dies wirklich vor Augen zu haben, möchte ich eine Handvoll Senfkörner in diesen Blumentopf pflanzen. Ich habe bereits Erde darin und muss die Senfkörner nur noch hineinlegen, ein wenig andrücken und begießen. Es liegt dann in Ihrer Hand, was daraus wird. In den nächsten Wochen werden wir gemeinsam das Wachsen und Werden der Senfsaat beobachten und werden, so Gott will, Zeugen des Wunders vom Wachsen werden, vom Wachsen der Senfkörner und von unserem eigenen Wachsen. Denn so wie das Senfkorn wächst, so will auch unser Glaube wachsen. Der Glaube an den Gott, der uns nahe ist und uns begleitet.

Senfkörner in vorbereiteten großen (!) Blumentopf pflanzen; mit den Mitarbeitenden sollte im Vorfeld über die Pflege gesprochen werden.

Und der Friede Gottes, der höher ist als all unsere Vernunft,
bewahre uns und stärke uns in Christus Jesus. Amen.

6 Die Trauben aus Nachbars Garten – Symbol „Weintrauben" und „Rebe"

Johannes 15,5 (in die Ansprache integriert)

Gnade sei mit euch und Friede von Gott, unserm Vater,
und dem Herrn Jesus Christus. Amen!

LIEBE GEMEINDE,

Wenn ich aus meinem Küchenfenster schaue, dann geht mein Blick in den Garten unseres Nachbarn. Er ist Italien-Liebhaber und ein Freund guter Weine. Und so hat er vor drei Jahren beschlossen, es hier in H. in der Parkstraße einmal mit dem Weinanbau zu versuchen.

Der Anbau von Pflanzen aus Italien war aufgrund des doch sehr unterschiedlichen Klimas hier bei uns nicht anzuraten. Und so hat er auf bewährte deutsche Sorten gesetzt. Vier Weinstöcke hat er in seinem Garten eingepflanzt. Lange hat er nach einem guten Plätzchen gesucht. Bücher hat er sich besorgt und gelesen, zum Weinanbau im Allgemeinen und zum Weinanbau hier bei uns im Besonderen.

Der Weinanbau ist eine Wissenschaft für sich. Weinstöcke brauchen viel Wärme und Licht. Da sie im Garten meines Nachbarn an der Südseite stehen, kommt hier viel Sonne hin und sie gedeihen prächtig. Zur Freude des Nachbarn haben sie schon im zweiten Jahr reichlich Trauben getragen. Diese kleine Ranke, die ich Ihnen heute Morgen mitgebracht habe, stammt davon, mit besten Grüßen von meinem Nachbarn!

Ranke hochhalten, zeigen und gut sichtbar auf den Altar legen

Ein solcher Weinstock hat ganz, ganz tiefe Wurzeln. Sie sind nötig, damit die Versorgung der Pflanze mit Wasser gewährleistet ist. Die langen, dünnen Äste, die vom Stamm abgehen, sind die Reben. An ihnen wachsen im späten Frühjahr die Blätter, dann kommen die Blüten dazu, die so klitzeklein sind, dass man sie nur bei ganz genauem Hinsehen entdeckt. Und schließlich setzen die Früchte an, auch sie zuerst ganz klein und hart, und irgendwann im Herbst reifen sie zu den köstlichen Trauben heran. – Diese hier sind nicht aus Nachbars Garten, sondern aus dem Supermarkt. In Nachbars Garten sind sie schon geerntet.

Schöne dicke blaue und grüne Weintrauben in einem Körbchen hochhalten und ebenfalls gut sichtbar auf den Altar legen

Es spielt eigentlich gar keine Rolle, zu welcher Jahreszeit ich aus dem Küchenfenster auf die Weinstöcke meines Nachbarn schaue – es ist immer ein interessanter und schöner Anblick. Und es ist ein Anblick, der mich zum Nachdenken bringt. Wenn ich nämlich die Weinstöcke in Nachbars Garten anschaue, dann fällt mir ein Jesus-Wort aus dem Johannesevangelium ein. Jesus sagt zu seinen Jüngern:

Ich bin der Weinstock, ihr seid die Reben. Wer in mir bleibt und ich in ihm, der bringt viel Frucht.

Vielleicht kennen Sie dieses Wort. Es ist eingebettet in eine Rede Jesu, in der es um den wahren Weinstock geht. Gern wird dieses Wort als Konfirmationsspruch genommen. Mein Mann z. B. hat ihn. In gerahmter Form hängt der Spruch über seinem Schreibtisch. Und vielleicht ist auch der ein oder die andere hier, der oder die dieses Jesuswort vom Weinstock und den Reben vor vielen Jahren ebenfalls als Segenswort bei der eigenen Konfirmation zugesprochen bekam.

An dieser Stelle kann nachgefragt werden, wer von den Besucherinnen und Besuchern diesen Satz als Konfirmationsspruch oder als sonstigen „Lebensbegleiter" hat. Möglicherweise ergibt sich daraus ein Gespräch.

50

Kein Wunder, dass dieser Satz vom Weinstock und den Reben so beliebt als Lebensbegleiter ist, denn er macht Menschen Mut und schenkt Hoffnung. Und Hoffnung und Mut brauchen sie Menschen, heute und damals. Jesus hat seinen Jüngern diesen Satz gesagt, kurz bevor er starb. Die Jünger ahnten, dass er nicht mehr lange bei ihnen sein würde, waren ängstlich und sorgten sich um die Zukunft:

Was soll aus uns werden, wenn Jesus nicht mehr da ist? Haben wir auch dann den Mut zu glauben? Können wir auch dann weiter auf Gott vertrauen? Und reicht unsere Kraft uns den Menschen zuzuwenden, uns um sie zu kümmern, ihnen von Gott weiter zu erzählen, so wie Jesus es uns vorgelebt hat?

Jesus weiß, was seine Freunde bewegt. Darum sagt er zu ihnen:

Ich bin der Weinstock, ihr seid die Reben. Wer in mir bleibt und ich in ihm, der bringt viel Frucht.

Und die Jünger? Sie verstehen, was Jesus damit meint. So wie der Weinstock über die Wurzeln Nahrung aufnimmt und dann wachsen und gedeihen kann, so ist Jesus die Wurzel für ihr Leben. In der Verbindung mit Jesus erhalten sie die Kraft und den Mut, den sie brauchen.

Das gilt heute noch immer. Auch ich hänge mit meinem Leben nicht in der Luft. Ich bin geerdet, bin verwurzelt, bin verbunden mit Gott, der Quelle allen Lebens. Damals wie heute gilt das Versprechen: Ich bin bei euch und in euch; bleibt auch ihr in mir!

Ich bin der Weinstock, ihr seid die Reben. Wer in mir bleibt und ich in ihm, der bringt viel Frucht.

Ich bleibe in dir, bleibe du auch in mir! Bei mir bist du zu Hause. Bei mir kannst du dich fallen lassen, kannst du zur Ruhe kommen.

Vielleicht spürst du das gerade jetzt in diesem Gottesdienst. Oder du spürst es, wenn du in der Bibel liest oder wenn du deinen Tag mit der Tageslosung aus dem Herrnhuter Kalender beginnst oder wenn du deinen Tag abends im Bett mit einem Gebet beschließt. – So redet Gott mit uns.

Bleib du in mir und ich in dir, dann können und dann werden Früchte an und in dir reifen.

Welche Früchte können das sein? Vielleicht die Frucht, nicht ängstlich und sorgenvoll in den neuen Tag zu schauen, sondern ihn im Vertrauen auf Gott anfangen.

Oder die Frucht anzunehmen, dass meine Kräfte weniger werden und ich manches nicht mehr kann, was ich früher gern gemacht habe.

Und die Frucht zu entdecken, welche Gaben und Fähigkeiten ich noch habe und wo ich sie einsetzen kann. Ihnen, liebe Gemeinde, fallen sicher noch mehr Früchte ein, die Ihr Leben bunter und reicher machen und ihm Sinn geben.

Die Trauben im Garten meines Nachbarn können reifen, weil sie mit dem Weinstock verbunden sind und weil sie genug Wärme und Licht bekommen haben. Wir können reifen, weil wir mit Gott verbunden sind, der uns Halt gibt und Nahrung. So gebe uns die Zusage Jesu Trost und Mut:

Ich bin der Weinstock, ihr seid die Reben. Wer in mir bleibt und ich in ihm, der bringt viel Frucht.

Und der Friede Gottes, der höher ist als unsere Vernunft,
bewahre unsere Herzen und Sinne in Christus Jesus, Amen.

7   Hol dir Kraft! –
Symbol „Teebeutel"

Jesaja 40 i.A. (in die Ansprache integriert)

Gnade sei mit uns und Friede von Gott, unserem Vater,
und dem Herrn Jesus Christus. Amen.

LIEBE SCHWESTERN UND BRÜDER,

ich lese Ihnen einen Abschnitt aus dem Buch des Propheten Jesaja
vor, der Ihnen vielleicht ganz besonders aus der Seele spricht:

*Jesaja 40,18a.21.22.28–31(Die auf den Herrn harren, kriegen neue Kraft, dass
sie auffahren mit Flügeln wie Adler …)*

Wir haben es gehört: Menschen werden müde und matt und strau-
cheln und fallen … In der Lutherübersetzung ist von Männern und
Jünglingen die Rede, auf die das zutrifft. Aber es gilt ganz sicher
auch für Frauen und Mädchen. Es gilt für jede und jeden von uns,
egal, ob jung oder alt, ob gesund oder krank, ob Mann oder Frau.

Es gibt Tage, an denen bin ich müde und matt, dann habe ich
keine Kraft, zum Gehen nicht, zum Stehen nicht, erst recht nicht
um irgendwelche Aufgaben zu erledigen, manchmal auch nicht
zum Schlafen. Jeder Schritt ist mir zu viel, jedes Wort, jedes Nachdenken. Ich bin erschöpft, an Leib und Seele.

Oft ist dieses Erschöpftsein Folge eines Alltagslebens, das mich
ganz und gar fordert, das mir kaum Luft zum Atmen gibt. Und
manchmal ist es auch ein Zeichen des Alters, das mir unmiss-
verständlich und bisweilen auch brutal deutlich macht, dass ich
nicht mehr so belastbar bin wie noch vor ein paar Jahren. Und
manchmal bin ich erschöpft und müde ohne besonderen Grund,
einfach so.

Ich erinnere mich gut an die Reaktion meines mittlerweile verstorbenen Vaters, der im hohen Alter manchmal am Tisch saß,

gähnte und gegen das Einschlafen am helllichten Tage ankämpfte. Auf meine Frage, ob er denn müde sei, antwortete er stets mit denselben Worten: „Wovon soll ich denn müde sein?! Ich hab doch gar nichts geschafft!" Das klang immer ein wenig traurig und resigniert. Es klang immer so etwas mit wie: „Ich darf gar nicht müde sein. Denn müde sein darf nur, wer etwas geleistet hat." Und dabei hatte er doch in seinem Leben schon so viel geleistet!

Doch, liebe Schwestern und Brüder, ich darf müde sein, am Ende eines erlebnisreichen Tages, am Ende eines gelebten Lebens, in der Krise und in der Krankheit und bisweilen auch einfach nur so. Das vergessen wir nur leider allzu oft. Das Müdesein hat eine ganz wichtige Funktion. Es zwingt mich, zur Ruhe zu kommen. Ich halte inne, komme aus dem Alltag heraus und habe Zeit zum Luftholen.

Mein Körper und meine Seele haben dann die Gelegenheit, zur Ruhe zu kommen. Leicht fällt das oft nicht. Denn wir alle leben in einer hektischen und betriebsamen Welt. Das spüren Sie auch hier. Denn es gibt bestimmte Zeiten, die einzuhalten sind, Essenszeiten etwa. Und wenn zu wenige Mitarbeitende da sind, dann liegt die Hektik förmlich in der Luft. Oft genug liegt die Unruhe in mir selbst. Ich will und kann dann gar nicht zur Ruhe kommen, vielleicht, weil sich unliebsame Gedanken breit machen, mit denen ich nichts anfangen kann oder die mir Angst machen.

Doch wenn mein Körper die Notbremse zieht, dann bleibt mir gar nichts anderes übrig als innezuhalten. Und meist merke ich nach einer gewissen Zeit, dass es mir gut tut. „In der Ruhe liegt die Kraft!" Auch das ist ein Ausspruch meines Vaters. Den hat er nicht erfunden, aber der hat ihn in vielen Lebensphasen begleitet, auch wenn er ihm im Alter nicht mehr allzu viel abgewinnen konnte.

In der Ruhe liegt die Kraft, für den Körper und für die Seele. Das sollte ich mir öfter sagen und dann ohne schlechtes Gewissen zur Ruhe kommen können. Und Kraft tanken können. Meist geht das mit einem kleinen Ritual besser, zum Beispiel mit einer schönen Tasse Tee wie diesem hier…

Teebeutel mit „Hol-dir-Kraft-Tee" hochhalten. Es wurde vorher mit den Mitarbeitenden vereinbart, dass sie Tee kochen und Tassen bereitstellen, sodass die
Gottesdienstbesucherinnen und -besucher im Anschluss an den Gottesdienst
noch eine Tasse Tee trinken können.

Ich habe bei dieser Aktion die Erfahrung gemacht, dass sich die Mitarbeitenden sehr darüber freuten, als ich ihnen ein paar Teebeutel davon da gelassen
habe, verbunden mit ein paar anerkennenden Worten über ihre Arbeit. Vielleicht wäre das sogar ein Thema für eine Andacht / einen Gottesdienst speziell
für Mitarbeitende in der Pflege.

> Das ist eine Kräutermischung, zusammengesetzt aus Honeybush,
> Pfefferminze, Verbenenkraut, Zimt, Süßholzwurzel, Lemongras
> und Ringelblumenblüten. Eine interessante und, das weiß ich aus
> eigenem Probieren, eine wohlschmeckende Mischung! Im An-
> schluss an den Gottesdienst lade ich Sie herzlich ein, diesen Tee
> zu kosten und ganz in Ruhe diesen Gottesdienst nachklingen zu
> lassen.
>
> Mit solch einer schönen Tasse duftendem, dampfendem Tee fällt
> es mir leichter zur Ruhe zu kommen und Kraft zu schöpfen. Ich
> kann meine Gedanken sammeln, kann sie lenken auf das, was mir
> gut tut und was mir Kraft gibt, auf Gottes Wort.
>
>> Gott gibt dem Müden Kraft und Stärke dem Unvermögenden …
>> Die auf den Herrn harren, kriegen neue Kraft, dass sie auffahren
>> mit Flügeln wie Adler, dass sie laufen und nicht matt werden, dass
>> sie wandeln und nicht müde werden.

Das ist eine Zusage, die Leib und Seele gut tut, liebe Schwestern
und Brüder. Gott weiß, wie es mir geht. Gott kennt meine Befindlichkeiten, weiß, in welchen Situationen ich ganz besonders müde
und schwach bin. Bei ihm kann ich zur Ruhe kommen, kann auf-
atmen, kann mich fallen lassen und all meine Sorgen und Lasten
ablegen.

Gott gibt dem Müden Kraft
und Stärke dem Unvermögenden.

Gott wendet sich mir zu, stellt Menschen an meine Seite, die mir gut tun, hält im Gebet mit mir Zwiesprache, lässt mir im Gottesdienst und im Abendmahl seinen Segen zuteil werden. Das kann ich sehen und hören, spüren und schmecken. So wie ich eine gute Tasse Tee schmecken kann.

Und mit beidem zusammen, mit der guten Tasse „Hol-dir-Kraft-Tee" und dem Vertrauen darauf, dass Gott uns Müden Kraft und uns Unvermögenden Stärke gibt, können wir getrost und gestärkt in die kommenden Tage gehen.

Und der Friede Gottes, der höher ist als unsere Vernunft,
bewahre unsere Herzen und Sinne in Christus Jesus, unserm Herrn. Amen.

8 Samstags gab's immer Hefekuchen! – Symbol „Hefeteig"

Matthäus 13,33 (in die Ansprache integriert)

Gnade sei mit uns und Friede von Gott, unserem Vater,
und dem Herrn Jesus Christus. Amen.

LIEBE GEMEINDE,

Samstags war früher bei uns zu Hause, als ich noch ein kleines Mädchen war, Hefekuchen Backen angesagt. Jeden Samstag war das die Aufgabe meiner Großmutter, die mit bei uns im Haus wohnte. Meine Mutter hatte dann Küchenverbot. Das war eine Sache zwischen meiner Großmutter und mir, ihrer Enkelin. Ich sehe sie noch genau vor mir, meine Oma, in dunkler Kittelschürze mit hochgekrempelten Ärmeln, wie sie in einem Töpfchen die Milch auf dem Kohleherd erwärmte, die Hefe zerbröckelte, mit etwas Mehl und etwas Milch und einer Prise Zucker den Vorteig anrührte und das Ganze dann abgedeckt in die Nähe des warmen Ofens stellte, „zum Gehen", wie sie sagte.

Schön ist es, wenn die entsprechenden Requisiten – Schürze, Topf, eine Tüte Mehl, eine Packung Milch, ein Würfel Hefe und ein Holzlöffel – gut sichtbar auf dem Altar vorhanden sind und darauf hingewiesen werden kann.

Eine Waage brauchte meine Großmutter nicht, das hatte sie alles im Gefühl, ganz gleich, ob sie einen Hefekranz oder einen Zuckerkuchen backen wollte oder ob es, je nach Jahreszeit, ein Apfel- oder ein Pflaumenkuchen werden sollte. Ein Samstag ohne Hefekuchen Backen war damals für mich unvorstellbar. Als ich etwas größer war, durfte ich helfen. Ganz besonders stolz war ich, wenn ich mit den Händen in den Teig reindurfte und alle Zutaten gründlich vermengen konnte.

Fasziniert war ich jeden Samstag aufs Neue, wenn ich den Hefeteig wachsen sah. Schon beim Vorteig war das spannend, erst recht aber dann, wenn alle Zutaten vermengt waren und der Teig dann nach einer halben oder auch einer ganzen Stunde „Gehen" unter dem Tuch aufgedeckt und von mir bewundert werden konnte. Unglaublich, wie aus einer halb mit Teig gefüllten Schüssel nach dieser Wartezeit eine ganze Schüssel voller Teig geworden war, ohne dass da einer noch was hinzugefügt hat, einfach so, durch Ruhen und Warten! Ein Wunder war das jeden Samstag für mich, ein ganz großes!

Heute weiß ich natürlich, dass das durch die Hefe passiert, durch die kleinen Hefepilze, die sich bei Wärme ausdehnen und so eben bewirken, dass der Teig wächst. Trotzdem ist und bleibt es ein Wunder für mich. Jesus erzählt in der Bibel auch solch eine kleine Teig-Geschichte, zwar ist es bei ihm kein Hefeteig, sondern Sauerteig, aber der Effekt ist derselbe, das Wunder genauso groß. So lesen wir es bei Matthäus …

Mt 13,33

Wenn Sie schon einmal mit Sauerteig Brot gebacken haben, dann wissen Sie genau, was hier gemeint ist. Eine kleine Menge Sauerteig, wenige Gramm, genügen, um eine große Menge Mehl, viele Kilogramm, zu durchsäuern. Vor Jahren war es eine ganze Zeitlang „in", Sauerteig-Kuchen zu backen. Den Grundstock dafür bekam man von irgendeinem netten Menschen geschenkt. Diesen Grundstock setzte man an, „fütterte" ihn regelmäßig und dann wuchs der Teig und wuchs und wuchs, mehrere Tage lang, bis man einen Rührkuchen daraus backen konnte. Und von dem gewachsenen Teig konnte man dann seinerseits an nette Leute eine Tasse voll als Grundstock für deren Sauerteig-Kuchen verschenken. Und dann ging das Ganze wieder von vorn los.

Der Teig hatte sogar einen Namen. Er hieß „Hermann". Ich weiß nicht, wie viele Hermänner ich damals verschenkt und selber geschenkt bekam und gebacken habe. Das war eine Endlosschleife mit dem Sauerteig. Man konnte dem nur entgehen, wenn man nichts mehr für sich selber aufgehoben, sondern alles entweder verschenkt oder verbacken hatte.

Jesus vergleicht das Himmelreich mit einem Sauerteig. Und das bedeutet doch Folgendes: Ein klein wenig vom Himmelreich unseres Gottes durchdringt mein Leben, gibt meinem Leben sein Gepräge. Ein klein wenig Himmelreich macht mich zu dem, was ich bin, macht mich unverwechselbar. Mit einem klein wenig vom Himmelreich erhält mein Leben seinen Sinn, weiß ich, woher ich komme und wohin ich gehe.

Das Himmelreich gleicht einem Sauerteig, den eine Frau nahm und unter einen halben Zentner Mehl mengte, bis es ganz durchsäuert war.

Übrigens, meine Mutter konnte bis an ihr Lebensende keine Hefekuchen backen. Ich schon, denn ich habe es von meiner Großmutter gelernt, jeden Samstag ein wenig besser. Und ich habe diese Kenntnisse an meine Kinder weitergegeben, und nicht erst an die Enkelkinder!

Und der Friede Gottes, der höher ist als all unsere Vernunft,
bewahre unsere Herzen und Sinne in Christus Jesus, unserm Herrn.
Amen.

9   Mensch, freu dich! –
Genießen und Lebensfreude

Prediger 9,7–9 (in die Andacht integriert). Am Ende der Ansprache wird auf einen Strauß Vergissmeinnicht hingewiesen, der als Altarblumenschmuck vorhanden sein sollte.

Gnade sei mit euch und Friede von Gott, unserm Vater,
und dem Herrn Jesus Christus. Amen.

LIEBE SCHWESTERN UND BRÜDER!

Endlich ist der lange, schneereiche und kalte Winter vorbei. Wenn ich draußen bin, dann kann ich es seit einigen Tagen spüren, sehen und riechen, dass es endlich Frühling wird. In mir selber habe ich neue Energien gespürt, habe nach und nach genau das Erwachen neuer Kräfte gemerkt und wieder Lust am Leben bekommen. Und eins meiner Lieblingslieder aus dem Gesangbuch ist mir sofort eingefallen, das bekannte Paul-Gerhardt-Lied, „Geh aus, mein Herz, und suche Freud". Der beginnende Frühling lässt mich froh werden, lässt gute Gedanken in mir wach werden, lässt Freude aufkommen, ganz so, wie es Paul Gerhardt in seinem Lied beschreibt. Für ihn gehören Lebensfreude und Gottesglaube ganz eng zusammen.

Mein Herz, freu dich an den schönen Gaben Gottes in der Natur! An den Pflanzen, an den Tieren, an den Vögeln mit ihrem Gesang, an den Knospen, die heute noch geschlossen und morgen zu wunderbaren Blüten aufgegangen sind. Ach, Mensch, schau doch nur hin! Gelegenheiten und Gründe zum Freuen gibt es wahrlich genug. Denn Gott schenkt sie dir, die Lebensfreude!

Wirklich? Passt das wirklich zusammen? Mir fällt ein Gespräch mit jungen Leuten ein, Freunden unserer jüngsten Tochter. Die hatten da eine ganz andere Meinung dazu. „Lebensfreude und Kirche?

Das passt doch gar nicht zusammen. In der Kirche sagen sie doch immer, was alles verboten ist. Und außerdem geht es da stocksteif und ernst zu. Da ist für Freude doch gar kein Platz. Alles, was Spaß macht, ist entweder Sünde oder macht dick." So sahen sie das, die jungen Leute.

Und mir fiel dann noch der Satz eines großen Kirchenkritikers ein, der meinte: „Wenn ihr Christen nur halb so erlöst dreinschauen würdet, wie ihr immer redet, dann würde ich ernsthaft darüber nachdenken, ob an eurer Sache nicht doch etwas dran sein muss."

Wenn ich mich bei Ihnen, liebe Schwestern und Brüder, umschaue, dann schaue ich in überwiegend freundliche Gesichter. Die meisten von Ihnen lächeln und ich habe sehr wohl den Eindruck, dass „glauben" und „sich freuen" zusammen passen.

Glaube und Freude am Leben gehören sehr wohl zusammen. Denn Gott hat mir und dir die Fähigkeit sich zu freuen geschenkt. Gott will, dass wir die schönen Dinge im Leben genießen ohne schlechtes Gewissen, genauso, wie wir die schlimmen Dinge im Leben nicht verdrängen und verharmlosen sollen. – Schon der weise Prediger Salomo sprach davon, dass alles seine Zeit hat: das Freuen genauso wie das Trauern. Und bei demselben Prediger Salomo finde ich wunderschöne Genießertexte:

Prediger 9,7–9 (Genieße das Leben …)

Warum sollte Gott die Welt, die Natur so wunderbar geschaffen haben, wenn sich der Mensch nicht daran erfreuen darf? Im Johannesevangelium tut Jesus sein erstes Wunder bei einem Fest, auf einer Hochzeit, bei der er selber als Gast eingeladen ist und wo er mitgefeiert hat.

Liebe Schwestern und Brüder, ich glaube, dass die Freunde meiner Tochter und der bekannte Kirchenkritiker Unrecht haben. Und doch kommen ihre Erfahrungen ja irgendwo her. Liegt es vielleicht an mir, daran, dass ich als Christ diese Freude am Leben nicht genügend „rüberbringe"? Dass ich die kleinen erfreulichen Dinge des Alltags nur allzu gern und allzu selbstverständlich in Anspruch nehme, ohne mir Gedanken darüber zu machen, wem ich sie letztendlich zu verdanken habe? Dass ich viel zu sehr geneigt bin, das Schlechte zu beklagen und zu jammern, anstatt mich am Guten zu freuen?

Es sind doch die kleinen Dinge im Leben, die Paul Gerhardt in seinem Lied so eindrücklich beschreibt, an denen sich mein Herz erfreuen kann. Es liegt an mir, das nicht zu vergessen. Und damit wir das auch wirklich nicht vergessen, steht in den nächsten Tagen hier eine Vase mit ganz vielen Vergissmeinnichten.

Und der Friede Gottes, der höher ist als all unsere Vernunft,
bewahre unsere Herzen und Sinne in Christus Jesus, unserm Herrn.
Amen.

10 Die Tür ist immer offen – Symbol „Tür"

Offenbarung 3,8 (in die Ansprache integriert); für diese Ansprache wäre im Vorfeld zu klären, ob irgendwo im Keller oder auf dem Dachboden der Einrichtung eine ausrangierte Tür aufzutreiben ist, die dann für die Gemeinde gut sichtbar vorn steht. Wenn der Altar groß genug ist, kann sie dagegen gelehnt sein. Falls dies nicht möglich oder zu aufwändig ist, dann tut es auch das Foto einer Tür, möglichst einer Tür aus der Einrichtung. Dieses Foto kann per Beamer an die Wand projiziert werden.

Gnade sei mit euch und Friede von Gott,
unserem Vater und dem Herrn Jesus Christus. Amen.

LIEBE SCHWESTERN UND BRÜDER!

Hier vorn steht eine Tür. Vielleicht erkennen Sie sie wieder. Sie hatte (hat) ihren Platz ... Vielleicht sind Sie selber schon ein- oder mehrmals durch diese Tür hindurch gegangen. Und wenn nicht diese, dann sind Ihnen im Lauf Ihres Lebens viele, viele andere Türen begegnet. Was sind das denn für Türen gewesen, durch die Sie im Lauf Ihres Lebens hindurchgegangen sind?

Hier wäre es einen Versuch wert, mit den Bewohnerinnen und Bewohnern ins Gespräch zu kommen. Weitere Impulse: Gab es Türen, durch die Sie besonders gern gegangen sind? Und solche, durch die Sie am liebsten nie gegangen wären?

Ziel ist es zu verdeutlichen, dass eine Tür ganz unterschiedliche Assoziationen wecken kann, nicht nur bei unterschiedlichen Menschen, sondern durchaus auch bei ein und derselben Person in unterschiedlichen Lebensphasen.

Wichtig ist es, die Gesprächsphase nicht zu lange auszudehnen und dass es dem Prediger/der Predigerin gelingt, die Beiträge in die weiterführenden Gedanken einzubinden. Wenn die Gemeinde das Gespräch aktiv mitgestaltet, ergeben

63

sich möglicherweise die im Folgenden genannten Aspekte. Dann kann der Prediger / die Predigerin die Gedanken nach Verlesen des Bibelverses aus Offenbarung 3,8 bündeln und zum Ende bringen.

Da gab es Türen, die weit geöffnet waren und wieder andere, die nur einen Spalt geöffnet hatten oder ganz zu waren. Einladende und weniger einladende. Türen, durch die Sie gern durchgehen, und solche, die Sie eher ängstlich durchschritten haben.

Jedenfalls haben Sie immer dann, wenn Sie durch eine Tür hindurch gegangen sind, einen anderen Raum betreten, haben etwas anderes gesehen und erfahren. Manchmal war das gut, was Sie jenseits der Tür vorgefunden haben, doch manchmal waren Sie skeptisch. Dann nämlich, wenn die Tür nur einen Spalt offen war und Sie nicht richtig sehen konnten, was Sie dahinter erwartete. Wenn Ihnen das Risiko zu groß war, dann sind Sie womöglich vorbeigegangen.

Und sicherlich haben Sie auch ziemlich oft die Tür hinter sich zugemacht, wenn Sie Ihre Ruhe haben wollten. Dafür bietet solch eine Tür Sicherheit und Geborgenheit, einmal abgesehen davon, dass man sie auch zuknallen kann und damit seinem Ärger und seiner Wut deutlich Ausdruck verleihen kann. Dafür haben Sie sie liebem Besuch sicher umso lieber geöffnet!

Welche Türen sind Ihnen denn lieber? Eher geöffnete oder eher geschlossene? Ich kann mir gut vorstellen, dass sich das gar nicht so klar sagen lässt. Mal so, mal so, werden Sie vielleicht für sich entscheiden. Es gibt Türen in meinem Leben, die müssen offen sein. Etwa Türen, die mir Beziehungen zu anderen Menschen ermöglichen. Oder Türen, um neue Wege zu beschreiten, um die alten ausgetretenen Pfade zu verlassen. Das ist auch im Alter möglich.

Manchmal sind solche Türen leicht zu finden, manchmal muss ich sie mit wachen Sinnen suchen. Manchmal bin ich es, die sie öffnet, und mal sind es andere, die sie für mich öffnen. Mal ist es mühsam und mal ganz leicht. Mal ist das, was mich dahinter erwartet, schön, ein andermal ist es anstrengend oder mit Risiken und Gefahren verbunden.

Daneben gibt es ganz sicher Türen in meinem Leben, die bleiben zu, weil ich sie nicht öffnen will oder weil ich sie nicht öffnen kann. Vielleicht, weil die Tür klemmt oder weil sie einer von der anderen Seite zuhält. Und vielleicht treffe ich sogar auf die eine oder andere Tür, die zu öffnen mir verboten wird, wie das im Märchen bisweilen der Fall ist.

All das sind Erfahrungen mit Türen innerhalb meines Lebens, die ich gemacht habe und immer wieder machen werde. Entscheidend, liebe Schwestern und Brüder, ist dabei, dass die Tür zum Leben für mich offen ist:

Siehe, ich habe vor dir eine Tür aufgetan und niemand kann sie zuschließen.

Diese Zusage gibt mir einer, dem ich trauen kann. Gott lässt es mich wissen. Die Tür zum Leben hat Gott für mich geöffnet. Mit den Türen innerhalb meines Lebens zurechtzukommen, das ist meine Aufgabe. Ganz gleich, ob ich es mit offenen oder geschlossenen Türen zu tun bekomme, eines ist mir gewiss: Ich bin nicht allein. Gott begleitet mich. Gott geht mit mir durch die offenen Türen und er geht mit mir an den geschlossenen Türen vorbei, begibt sich mit mir auf die Suche nach anderen, nach neuen Türen.

Siehe, ich habe eine Tür vor dir aufgetan, die Tür zum Leben, die dir niemand verschließen kann. Deshalb kannst du die Türen in deinem Leben mit Gottvertrauen angehen. Denn du weißt: ich bin bei dir.

Und der Friede Gottes, der höher ist als all unsere Vernunft,
bewahre unsere Herzen und Sinne in Christus Jesus, unserm Herrn.
Amen.

11 Von Sonnen-, Regen- und anderen Schirmen – Symbol „Schirm"

Psalm 91,1–2 (in die Ansprache integriert)

Gnade sei mit euch und Friede von Gott, unserem Vater und dem Herrn Jesus Christus. Amen.

LIEBE GEMEINDE!

Wie gut ist es, einen Schirm zu besitzen!

Schirm zeigen und aufspannen, für alle gut sichtbar hinstellen.

Im Urlaub an der Nordsee konnte ich das gerade einmal wieder hautnah erfahren. Bei großer Hitze im Schwimmbad: kein schattiges Plätzchen, die Sonne brennt – wie gut, dass ich einen Schirm dabei habe. Schnell aufgespannt, ins Gras gesteckt und schon wird die Sonne erträglicher. Jetzt lässt es sich gut aushalten.

Oder ein plötzlicher Regenschauer – schnell den Schirm aus dem Rucksack und schon werde ich nicht mehr nass, zumindest dann nicht, wenn der Wind nicht zu sehr bläst! Mein Schirm lässt mich nicht im Regen stehen.

Aber auch das konnte ich erfahren: es ist nicht gleichgültig, wie mein Schirm beschaffen ist. Ist er zu klein und ohne stabiles Gestänge, dann kann er kaum gegen Regen und Wind bestehen. Dann werde ich trotz Schirm nass. Wie gut ist es, einen Schirm zu haben, einen großen mit stabilem Gestänge und festem Halt! – In der Bibel, im Alten Testament, steht ein Gebet, in dem es auch um einen Schirm geht, nicht um einen x-beliebigen Schirm, sondern um Gottes Schirm.

Wer unter dem Schirm des Höchsten wohnt und im Schatten des Allmächtigen ruht, der sagt zu dem Herrn: du bist meine Zuflucht und Burg, mein Gott, dem ich vertraue.

Dieses Gebet ist nicht an der Nordsee entstanden, sondern in Israel, in einem Land, in dem die Sonne tagsüber gnadenlos brennt, wo die Menschen noch viel besser als wir wissen, was es heißt, irgendwo Schatten finden zu können.

Im Schatten kann der Mensch, der von der Sonne ausgedörrt ist, Ruhe finden und sich erholen. Hier kann er Atem schöpfen, kann ausruhen, kann sich sicher und geborgen fühlen. Und doch meint der Mensch, der so betet, mehr als nur den Schutz vor allzu viel Sonne.

Der, der so betet, hat auch die Hitze des Alltags im Blick, die Sorgen, die Ängste, die Befürchtungen. Die Sorgen um Menschen, die mir wichtig sind. Die Ängste vor Krankheit und vor dem Sterben. Die Befürchtungen, mit dem, was ich will und was mir wichtig ist, nicht oder nicht mehr ernstgenommen zu werden.

Doch bei allem, was mich ins Schwitzen bringt, ist mir eines sicher: Unter Gottes Schirm ist ein Platz für mich, hier kann ich Unterschlupf finden. Hier kann ich zur Ruhe kommen, hier kann ich auftanken.

Zwar sind die Sorgen nicht verschwunden, aber sie lähmen mich nicht mehr, sie nehmen mir nicht mehr die Luft zum Atmen, bringen mich nicht mehr so sehr ins Schwitzen. Ich kann anders mit ihnen umgehen, kann gelassener werden, kann manches getrost dann so sein lassen, wie es ist, und manches andere ändern. Es liegt an mir, meinen Platz unter Gottes Schirm einzunehmen. Gott hält ihn für mich frei! Ich wünsche Ihnen eine gut beschirmte neue Woche.

Und der Friede Gottes, der höher ist als all unsere Vernunft,
bewahre unsere Herzen und Sinne in Christus Jesus, unserm Herrn.
Amen.

12 Deine Spuren im Sand – Symbol „Fußabdrücke"

Für diese Ansprache ist im Vorfeld Kontakt mit der Mitarbeiterin in der Beschäftigungstherapie herzustellen. Sie kann mit den Bewohnerinnen und Bewohnern, die das mögen, Fußabdrücke aufs Papier bringen, die während der Ansprache an eine Pinnwand gehängt werden.

Gnade sei mit euch und Friede von Gott, unserem Vater und dem Herrn Jesus Christus. Amen.

LIEBE GEMEINDE,

Mit Frau … (Name der Mitarbeiterin in der Beschäftigungstherapie) haben Sie in der letzten Woche Fußabdrücke hergestellt. Vielleicht hat sich der ein oder die andere von Ihnen darüber gewundert und gefragt, wozu das gut sein soll. Nun, heute erfahren Sie es. Ich habe die Fußabdrücke mitgebracht. Der hier ist von Frau A., der von Herrn B. (usw.)

Jeweils hochhalten und dann hintereinander an die Pinnwand heften

LIEBE GEMEINDE,

wir hinterlassen Spuren mit unseren Füßen. Je nachdem, wie der Untergrund beschaffen ist, auf dem wir gehen, sind sie mal deutlicher, mal weniger deutlich zu sehen. Im Sand geht das besonders gut.

Wenn wir unsere Spuren heute Morgen auf dem Boden sehen könnten, wie würden sie aussehen: Da ist die Spur eines Menschen, der ganz fest und stabil auf dem Boden steht, der auch einen ganz festen Abdruck hinterlässt; mit sicherem Schritt geht er seiner Wege; zielgerichtet und rasch. Dann ist da eine andere Spur, die gehört zu einem, der eher zögerlich daherkommt, langsam und unsicher ist sie: Soll ich wirklich dahin gehen oder doch lieber nicht?

Und wieder eine andere ist schleppend, weil die Füße nicht mehr so können, wie das früher der Fall war. Und dann sind da auch noch die Spuren und Abdrücke von schmalen Gummireifen eines Rollstuhles und die etwas breiteren kleineren von einem Rollator.

So unterschiedlich all diese Spuren, die Sie und ich hinterlassen, sind, so unterschiedlich sind auch die dazugehörigen Menschen. Etwas von uns spiegelt sich in den Abdrücken, in den Spuren, die wir hinterlassen, wieder. Die Standfestigkeit, mit der einer im Leben steht, genauso wie die Unsicherheit und Ängstlichkeit, die ein anderer verspürt.

So geben unsere Fußabdrücke einen kleinen Einblick in unsere Befindlichkeit. Dabei ist es von Bedeutung, ob einer seinen Weg allein bewältigt oder ob er das in Begleitung tut. Schritte, die allein schwer fallen, fallen in Begleitung viel leichter. Schritte, die ohne Begleitung gar nicht gemacht werden könnten, sind überhaupt erst möglich, wenn ein anderer mitgeht. Und das gilt nicht nur für Menschen im Rollstuhl.

Wie gut, wenn einer mitgeht, wenn einer uns begleitet, wenn wir unsere Wege nicht allein bewältigen müssen. Ein modernes Kirchenlied erzählt davon:

EG 209, Strophen 1 und 2

in diesem Lied wird die Sehnsucht nach Begleitung, nach Geborgenheit ganz deutlich formuliert. Es kann nicht gut sein, wenn der Mensch allein ist, wenn er, wenn sie das Leben ohne Begleitung bewerkstelligen muss.

Es ist ein Lied, das im Gesangbuch unter der Überschrift „Lieder zur Taufe und zur Konfirmation" steht. Aber es ist ein Lied, das eigentlich für das ganze Leben gilt, das in jeder Lebensphase seine Berechtigung hat, egal, ob einer jung oder alt, am Anfang, in der Mitte oder am Ende seines Lebens steht.

Das Lied erzählt von den Wünschen und Bedürfnissen von Menschen. Die Begleitung durch andere, sei es in der Familie oder durch Freunde, Verwandte oder durch die Mitbewohnerinnen und Mitbewohner und die Mitarbeitenden hier im Haus ist wichtig und nötig und gut. Es ist doch viel schöner und besser, wenn Frau A. neben Frau B. geht, und wenn Herr C. von Frau D. begleitet wird.

Die Fußspuren der jeweils genannten Personen werden nebeneinander geheftet.

In dieser Begleitung wird greifbar und spürbar, wie Gott sich unseren Weg durchs Leben vorstellt, in der Gemeinschaft mit anderen. Auch er selber geht diesen Weg mit uns mit, selbst dann, wenn wir von andern Menschen verlassen sind. Davon erzählen die beiden letzten Verse des Liedes aus dem Gesangbuch.

EG 209, Strophen 3 und 4

Ganz gleich, welche Fußspuren wir hinterlassen und ganz gleich, wie uns zumute ist: Auf Gott können wir uns verlassen, auf sein Geleit und auf seinen Segen. Wir wissen uns in guter Begleitung. Das tut gut!

Und der Friede Gottes, der höher ist als all unsere Vernunft,
bewahre unsere Herzen und Sinne in Christus Jesus, unserm Herrn.
Amen.

Es ist zu überlegen, nach der Predigt das Lied EG 209 zu singen, da es – obwohl „neueren" Datums – doch zu den Klassikern gezählt werden kann. Dies ist je nach Singfreudigkeit der Gottesdienstgemeinde zu entscheiden.

Besondere Gottesdienste

Neben regelmäßig (wöchentlich oder monatlich) stattfindenden Gottesdiensten und Andachten können zu bestimmten Anlässen auch besondere Gottesdienste gefeiert werden.

Kasualgottesdienste

Dazu gehören Gottesdienste zu Festen im (Kirchen)-Jahr, etwa *Sommer- oder Herbstfest* oder zur Eröffnung der *Adventszeit*. Aber auch Gottesdienste zur *Begrüßung neuer Mitarbeitender und neuer Bewohnerinnen* und Bewohner etwa zwei- bis dreimal im Jahr sind denkbar. Letzteres ist auch gut im Rahmen eines Kaffeetrinkens mit kurzer Andacht denkbar (s. Beispiel 1).

Zu besonderen Gelegenheiten können die Mitarbeitenden in die Vorbereitung und Gestaltung mit einbezogen werden. Von vornherein klar sein muss, dass *Gottesdienste, die in einer Gruppe vorbereitet werden*, wesentlich mehr an Vorbereitungszeit brauchen als Gottesdienste, die ich allein bestreite. Dafür hat allerdings die intensive Vorbereitung eine Bedeutung an sich und bietet die Möglichkeit, Texte aus ganz unterschiedlichen Blickwinkeln zu sehen und zu verstehen. Die Arbeit in solch einem Team ist genauso wichtig und interessant wie der Gottesdienst selber.

Beispiel 1:
Auf die richtige Brille kommt es an! –
Ankommen

Andacht im Rahmen eines Begrüßungs-Kaffeetrinkens für neue Bewohnerinnen und Bewohner (mit 1 Samuel 16,7)

Der Umzug in ein Altenheim ist für viele alte Menschen ein Schritt, den sie lange heraus gezögert haben, der möglicherweise nun unumgänglich geworden ist, weil gesundheitliche Einschränkungen einen Verbleib in der eigenen Wohnung unmöglich machen oder weil die Angehörigen diesen Schritt für notwendig erachten. Viele sehen dem Umzug mit sehr gemischten Gefühlen entgegen, möglicherweise sträuben sie sich sogar. In dieser Situation ist es wichtig, den neuen Bewohnerinnen und Bewohnern von Anfang ein das Gefühl zu geben, dass sie willkommen sind, dass man (Mitarbeitende und Mitbewohner) sich auf sie freut.

Ein kleiner Baustein dazu ist so ein in regelmäßigen Abständen stattfindendes Begrüßungs-Kaffeetrinken Mit Andacht. Das Treffen wird geleitet von einer Mitarbeiterin / einem Mitarbeiter und dem Pfarrer / der Pfarrerin.

❭ **Begrüßung**

Herzlich willkommen Ihnen allen. Wir begrüßen heute ... *(Zahl einfügen)* neue Bewohnerinnen und Bewohner, die in den letzten ... *(Zahl einfügen)* Monaten neu zu uns gekommen sind. Es sind Herr / Frau ... *(Namen nennen)*

Achtung: sich die Namen vorher konzentriert anschauen und auch einmal laut lesen und bei Unsicherheiten nachfragen, wie der Name auszusprechen ist; es ist nicht gut, wenn Menschen mit einem falsch ausgesprochenen oder falsch betonten Namen angesprochen werden.

Wir freuen uns, dass wir Sie alle nun bei uns haben. Sich in einer neuen Umgebung wohl zu fühlen, braucht Zeit. Es dauert, bis das neue Zimmer, das neue Appartement auch wirklich ein neues Zuhause geworden ist. Wir, die wir schon länger hier sind als Sie, wollen Ihnen dabei helfen. In der Gemeinschaft untereinander und mit Gottes Segen kann das gelingen.

Wir sind zusammen im Namen Gottes des Vaters und
des Sohnes und des Heiligen Geistes. Amen.

❭ **Lied: EG 329,1–2: Bis hierher hat mich Gott gebracht…**

❭ **Psalm 23**

❭ **Ansprache**

Liebe Schwestern und Brüder, wenn ich mich so bei Ihnen umschaue, dann stelle ich fest, dass die meisten hier Brillenträger sind. Ich bin es auch, zumindest beim Lesen.

Brille in die Runde zeigen

Ich habe ein etwas zwiespältiges Verhältnis zu meiner Brille. Einerseits ist es natürlich gut, dass ich sie habe. Denn ohne sie wäre das Lesen äußerst mühsam und manchmal sogar unmöglich. Andererseits ist es lästig mit ihr. Ständig suche ich sie, und wenn ich sie dann gefunden habe, ist sie garantiert schmutzig und der Blick hindurch ist sehr getrübt. Sie kennen das sicher auch, dass Sie trotz Brille auf der Nase doch nicht den Durchblick haben. Und damit meine ich nicht nur die „echte" Brille. Ich meine auch die Brillen, die wir im übertragenen Sinn bisweilen tragen.

Zum Beispiel die *rosarote*, die, die alles nur allzu nett und schön sein lässt, die mir etwas vorgaukelt, was gar nicht so ist in Wirklichkeit. Oder die *Brille mit den Scheuklappen* rechts und links, die, die mich nur das sehen lässt, was da gerade vor mir liegt, die mir den Weitblick nimmt und mich ganz stark einengt. Oder die *Schwarz-Seh-Brille*, die, die mir zeigt, wie schlimm und wie schrecklich alles ist.

Liebe Schwestern und Brüder, Sie wohnen noch nicht lange hier im Haus. Und vielleicht haben Sie in den letzten Wochen die ein oder andere von den gerade genannten Brillen getragen. Vielleicht ist im Augenblick die Schwarz-Sehbrille Ihr ständiger Begleiter oder Sie sehen vor lauter Scheuklappen nicht das Schöne, was sich rechts oder links von Ihrem Weg befindet, die Gesellschaft mit anderen Menschen, die Möglichkeit, Hilfe in Anspruch nehmen zu können, wenn dies nötig ist, nicht mehr allein zu sein, zusammen mit anderen Mensch-ärgere-dich-nicht zu spielen, von früher zu erzählen, spazieren zu gehen. Ich wünsche Ihnen, dass Sie durch die Brille schauen, die Ihnen gut tut, die Brille, die Sie Ihren Weg hier im neuen Umfeld finden lässt.

Der Mensch sieht, was vor Augen ist;
Gott aber sieht das Herz an. (1 Samuel 16,7b)

Gott weiß, wie Ihnen zu Mute ist. Gott begleitet Sie und schenkt Ihnen klare Sicht. Amen.

❭ **Gebet**

Guter Gott, aller Anfang ist schwer. Das spüren unsere neuen Bewohnerinnen und Bewohner im Augenblick vielleicht besonders. Gib ihnen und uns die nötige Geduld, die das Eingewöhnen braucht. Gib uns allen offene Augen und Ohren, damit wir sehen und hören, wo etwas nicht so läuft, wie es laufen sollte. Stärke unser Miteinander. Sei du mit deinem Segen bei uns. Amen.

❭ **Vaterunser**

❭ **Segen**

❭ **Lied: EG 329,3**

Beispiel 2:
Ein Strauß voller Leben –
Gottesdienst als Auftakt für ein Sommerfest

In vielen Einrichtungen gibt es Sommerfeste im Freien, mit verschiedenen Angeboten, mit Möglichkeiten zum gemeinsamen Essen und Trinken, mit Begegnung und Austausch zwischen Bewohnerinnen und Bewohnern, Mitarbeitenden, Angehörigen und sonstigen Gästen. Schön ist es, wenn solch ein Fest mit einem Gottesdienst eingeleitet wird, bei gutem Wetter gern als Open-Air-Veranstaltung.

GOTTESDIENST DRAUSSEN

Auch hier gilt das, was zum Thema Raumgestaltung gesagt wurde. Auch hier muss mit Liebe und Bedacht ein würdevoller Rahmen geschaffen werden, damit deutlich wird, dass ein Gottesdienst gefeiert wird. Bei einem Freiluft-Gottesdienst ist wegen der nicht zu verhindernden Nebengeräusche eine gute Lautsprecheranlage besonders wichtig. Schön ist es, wenn Mitarbeitende als Leserinnen oder Leser gewonnen werden können. Diese sollten in jedem Fall eine Sprechprobe oder besser noch ihren gesamten Text mehrmals an Ort und Stelle laut gelesen haben. Dazu ist es natürlich nötig, dass sie ihren Text rechtzeitig (mehrere Tage vorher) erhalten haben. Ihre Einbindung ist etwa bei den Lesungen, bei den Abkündigungen und bei den Fürbitten möglich. Es ist aber darauf zu achten, dass am Altar kein „stetes Kommen und Gehen" herrscht, sondern dass auch im Wechsel und in der Beteiligung verschiedener Personen Ruhe und Souveränität vorhanden ist.

EIN BLUMENSTRAUSS

Da im Mittelpunkt dieses Gottesdienstes ein Strauß mit ganz bestimmten Blumen steht, muss dafür gesorgt werden, dass ein solcher Strauß vorhanden ist. Das sollte aus meiner Erfahrung der Prediger / die Predigerin selbst tun, damit er / sie die Ansprache entsprechend der vorhandenen Blumen formulieren kann.

Auf eine persönliche Begrüßung und Verabschiedung wird diesmal verzichtet. Es wäre allerdings schön, wenn der Pfarrer / die Pfarrerin anschließend noch ein wenig Zeit zum Bleiben hat. Die Teilnahme eines Posaunenchores wäre wünschenswert. Ein Liedblatt sollte erstellt werden, am besten auch mit den Texten von Vaterunser und, falls gebetet, Glaubensbekenntnis. Es ist erfahrungsgemäß nicht unbedingt davon auszugehen, dass Angehörige, Mitarbeitende und sonstige Gäste diese Texte auswendig können.

❯ Begrüßung (nach Musik und Introitus)

Herzlich willkommen Ihnen allen zum Gottesdienst anlässlich unseres diesjährigen Sommerfestes. Schön, dass Sie alle da sind: jung und alt, groß und klein, Bewohnerinnen und Bewohner, Mitarbeitende, Angehörige, Gäste aus nah und fern – eine ganz bunte Mischung! – Genau so bunt wie der Sommer. Genauso bunt wie dieser schöne Blumenstrauß auf dem Altar hier vorn. Er wird im Mittelpunkt unseres Gottesdienstes stehen.

Danken will ich an dieser Stelle all den Menschen, die so liebevoll hier vorbereitet haben, den Menschen, die uns mit (Posaunen- und Trompeten-) Musik erfreuen und uns gleich zum Mitsingen einladen, und natürlich all denen, die sonst noch hier vorn mitwirken.

Zu einem Sommerfest gehört für mich u. a. ein ganz bestimmtes Lied. Die meisten von Ihnen kennen es. Ich meine das schöne Paul-Gerhardt-Lied „Geh aus, mein Herz, und suche Freud". Davon singen wir nun die Strophen 1 bis 3 und 8.

❯ Lied: EG 503, 1–3.8

❯ Psalmlesung: Psalm 104 in Auswahl, z. B. 1–15.24

Dieser Text kann von Lektor / Lektorin (s. o.) gelesen werden. Statt ihn aus der Luther-Bibel zu lesen, könnte auch die sehr gelungene Übertragung dieses

Psalms von Peter Spangenberg übernommen werden:: Höre meine Stimme. Die
150 Psalmen der Bibel übertragen in die Sprache unserer Zeit, Hamburg 1995,
S. 104.

❯ Gebet

> Guter Gott, wir feiern gemeinsam diesen Gottesdienst. Das tut gut!
> Es tut gut innezuhalten, zu hören, zu singen, zu beten – und das
> alles mit so vielen anderen zusammen. Guter Gott, sei du mitten
> unter uns, gibt uns aufmerksame Sinne und einen wachen Geist,
> damit wir offen sind für dich und dein Wort. Guter Gott, segne un-
> ser Zusammensein hier und heute und alle Tage unseres Lebens.
> Amen.

❯ Bibeltext: Psalm 42,2–3; Psalm 23,1–2; Jesaja 44,3

> Auch an dieser Stelle ist die Beteiligung eines Lektors / einer Lek-
> torin denkbar.

❯ (Glaubensbekenntnis)

❯ Lied: EG 324, 1–3.7 „Ich singe dir mit Herz und Mund"

❯ Predigt

Damit der Blumenstrauß bei der Predigt nicht zerpflückt werden muss, aber
dennoch die einzelnen Blumen für die Gemeinde gut sichtbar sind, sollten sie
alle auch einzeln noch zur Verfügung stehen und an der jeweiligen Stelle gezeigt
werden können.

Gnade sei mit uns und Friede von Gott, unserem Vater,
und dem Herrn Jesus Christus. Amen.

LIEBE GEMEINDE

> Heute ziert ein ganz besonderer Blumenstrauß unseren Altar. Be-
> sonders schön ist er und vielfältig ist er auch. Bunt, so bunt wie das
> Leben. Er passt so richtig zum Sommer und zu unserem Sommer-

fest, das wir mit diesem Gottesdienst einleiten. Schön ist er, der Blumenstrauß, bunt, vielfältig und interessant: die edle *Zuchtrose* neben der genügsamen *Margarete*, immergrünes *Efeu* neben der stacheligen *Distel*, duftender *Lavendel* aus Südfrankreich neben heimischem *Ginster* aus dem Wald … – Bunt und vielfältig ist dieser Strauß, so bunt und vielfältig wie das Leben.

Ich lade Sie ein zu einer kleinen Entdeckungsreise. Entdecken Sie mit mir zusammen die Vielfalt dieses Blumenstraußes und die Vielfalt des Lebens, die Vielfalt Ihres Lebens! – Beginnen wir damit, mit der blühenden, duftenden Rose …

Rose hochhalten, zeigen, während der Ausführungen über die Rose hochgehalten lassen.

… herrlich anzuschauen! Nicht umsonst wird die Rose als Königin unter den Blumen bezeichnet. Und die Blume der Liebenden ist sie auch. Lassen Sie sich von der Rose an Rosenzeiten Ihres Lebens erinnern, an Zeiten der Freude und des Wohlergehens, an Zeiten, in denen Sie Ihr Leben genießen konnten! Und vertrauen Sie darauf, dass es auch in Zukunft Rosenzeiten für Sie geben kann! Lassen Sie sich von der Rose auch an Rosen-*Menschen* Ihres Lebens erinnern!

Menschen, die Ihnen wichtig waren und wichtig sind, Menschen, die Sie begleitet haben und die auch weiter mit Ihnen zusammen ein Stück Ihres Lebensweges gehen werden. Wie gut, dass es Rosenzeiten und Rosenmenschen im Leben gibt!

Doch keine Rose ohne Dornen – so sagt der Volksmund. „Das stimmt doch gar nicht", mögen Sie jetzt vielleicht in Gedanken einwenden. „Es gibt moderne Rosenzüchtungen, die ganz ohne Dornen sind."

Hand aufs Herz: Ist eine Rose ohne Dornen eine richtige Rose …? – Auf das Leben übertragen heißt das: Alles Schöne tut immer auch weh. Vielleicht können Sie das aus Ihrem reichen Erfahrungsschatz nachempfinden und bestätigen. So wie die Rose ohne Dornen keine richtige Rose ist, so wäre auch ein Leben ohne Schmerzen kein richtiges Leben.

Außer der Rose ist in unserem Strauß eine Margerite …

Margerite hochhalten

… zu sehen: anspruchslos, überall zu finden: am Straßenrand, an der Uferböschung, in Nachbars Garten, vielleicht auch auf Ihrem Balkon. Nichts Besonderes! Alltäglich. Das kennen Sie aus Ihrem Leben auch: Margeritenzeiten – Alltägliches. „Davon gibt es mehr als genug!", höre ich Sie sagen. „Was ist am Alltag schon erwähnenswert, warum sollte ich ihm Aufmerksamkeit schenken?"

Eigentlich ist das schade. Natürlich haben Sie recht: Der Alltag nimmt den weitaus größten Raum im Leben ein. Doch ist er deshalb weniger wert als der Festtag? Was wäre ein besonderer Tag ohne Alltag?

Sind es nicht auch die kleinen Dinge, die Alltäglichkeiten, die das Leben lebens- und liebenswert machen?

Als nächstes sehe ich in unserem Strauß die Stockrose. Was mich an ihr fasziniert, ist weniger ihre Blüte als vielmehr ihre Samenkapsel …

Samenkapsel hochhalten

… unscheinbar und doch geheimnisvoll birgt sie die Fülle des Lebens in sich. Geduld braucht es, denn die Entfaltung des Lebens braucht Zeit! Hegen und pflegen Sie sie, dann werden Sie belohnt mit einer wunderschönen Blüte!

Auch die Samen und Knospen Ihres Lebens wollen wahrgenommen und gepflegt werden. Dass Sie sie besitzen, da bin ich mir sicher!

Als Nächstes habe ich hier Efeu …

… immergrün – egal, ob es heiß ist oder klirrend kalt, ob es viel regnet oder ob Trockenheit herrscht. Die zarten Efeuranken verleihen unserem Strauß Leichtigkeit und Verspieltheit und geben ihm zugleich Fülle und Halt. Was gibt denn Ihrem Leben Fülle und Halt? Begegnungen mit Menschen fallen Ihnen da sicherlich ein und andere vielfältige Erfahrungen, vielleicht auch Ihr Glaube.

Und auch das gehört zu einem Blumenstrauß dazu: verwelkte, abgefallene Blütenblätter …

Verwelkte Blütenblätter aus der Hand pusten und auf die Erde sinken lassen

Früher oder später ergeht es jeder Blüte so: Sie muss sich verabschieden. Gehen Ihre Gedanken jetzt zu den Abschieden in Ihrem Leben? Zu den Plänen und Fantasien, von denen Sie sich verabschieden mussten? Zu den vertrauten und geliebten Menschen, die nicht mehr da sind? Auch wenn es weh tut, so ist es doch hin und wieder nötig, sich solche Abschiede in den Sinn zu rufen. Auch sie gehören zum Leben dazu.

Eines ist allemal sicher: Ohne Wasser wird unser Blumenstrauß seine Buntheit und Lebendigkeit nicht entfalten können. Ohne Wasser vertrocknet all die Blütenpracht schneller, als ich schauen kann. Wasser ist lebenswichtig für unseren Strauß, überlebenswichtig. Und was ist lebenswichtig für das Leben, für Ihres und für meines?

Wie all die Blütenpracht lechzt nach frischem Wasser, so schreit meine Seele, Gott, zu dir. Meine Seele dürstet nach Gott, nach dem lebendigen Gott. (nach Psalm 42,2–3)

Meine Seele, Gott, dürstet nach dir. Wie gut tut es da zu wissen:

Der Herr ist mein Hirte. Mir wird nichts mangeln. Er weidet mich auf einer grünen Aue und führet mich zum frischen Wasser. (Psalm 23,1–2)

Wir alle dürfen auf Gott vertrauen. Denn uns gilt die Zusage Gottes:

Denn ich will Wasser gießen auf das Durstige und Ströme auf das Dürre; ich will meinen Geist auf deine Kinder gießen und meinen Segen auf deine Nachkommen. (Jes 44,3)

So gestärkt können wir die Buntheit und Vielfalt des Lebens genießen, können die Durststrecken überstehen und die Abschiede annehmen.

Und der Friede Gottes, der höher ist als all unsere Vernunft,
bewahre unsere Herzen und Sinne in Christus Jesus, unserm Herrn.
Amen.

〉 Lied: EG 331, 1–3.11 „Großer Gott, wir loben dich …“

〉 Bekanntmachungen

Auf die an dieser Stelle üblichen Abkündigungen von Geburtstagen etc. wird dieses Mal verzichtet. Das wird beim nächsten Gottesdienst nachgeholt. Stattdessen können hier noch Hinweise zum weiteren Verlauf des Festes gemacht werden und, falls gewünscht, auf den Kollektenzweck hingewiesen werden. Falls eine Kollekte erbeten wird, so müsste sie während einer Instrumentalmusik im Anschluss an die Abkündigungen eingesammelt werden, da sich bei einem Open-Air-Gottesdienst die Menschen im Anschluss direkt aufs gesamte Gelände verteilen. Schön wäre es, einen Kollektenzweck, der mit dem Thema in Zusammenhang steht, zu haben, z. B. für die Gestaltung eines speziellen Gartens innerhalb der Einrichtung für Menschen mit Demenz o. ä.

> Instrumentalmusik (Kollekte), s. o.

> Fürbitten

> Vater unser

> Segen

Gott segne dich und behüte dich. Gott lasse sein Angesicht über dir leuchten und sei dir gnädig. Gott erhebe sein Angesicht auf dich und schenke dir Frieden. Amen.

> Musik zum Ende

Abendmahlsgottesdienste

Es ist gut, regelmäßige Abendmahlsgottesdienste anzubieten, da gerade hier die Spiritualität und Emotionalität für Menschen, speziell für Menschen mit Demenz besonders gut erfahrbar ist. Dabei sollte das Abendmahl mit Traubensaft gefeiert werden und statt der Oblate Weißbrot, das – ohne Rinde – in kleine Stücke geschnitten wird, verwendet werden.

Ganz bewusst werden zum Abendmahl alle eingeladen, die daran teilnehmen wollen, ganz unabhängig von der Religions- bzw. Konfessionszugehörigkeit. In der gemeinsamen Feier wird Gottes Zuwendung zum Menschen mit allen Sinnen erfahrbar. Es ist eine Form der seelsorglichen Zuwendung, die allen, die es wollen, gewährt werden sollte.

Die bekannten liturgischen Stücke der Abendmahlsfeier, wie das Sprechen der Einsetzungsworte, das gesungene *Sanctus* und das *Agnus Dei* haben dabei einen hohen Wiedererkennungswert für die Bewohnerinnen und Bewohner. Um dem Rechnung zu tragen, dass eine Reihe von Gottesdienstbesucherinnen und -besuchern von ihrer Mobilität her eingeschränkt sind, ist es sinnvoll, das Abendmahl durch die Reihen zu reichen. Gerade dann ist es notwendig, dass genügend Platz vorhanden ist.

Große Behutsamkeit ist gefragt bei der Darreichung. Viele ältere Menschen sind es gewöhnt, dass der Pfarrer / die Pfarrerin ihnen den Kelch an den Mund hält. Sie scheuen sich davor, solch ein „heiliges Ding", wie es eine alte Dame einmal ausdrückte, in die Hand zu nehmen. Viele können es auch nicht mehr.

Achten Sie als Liturg / Liturgin darauf, den Kelch nur ein klein wenig zu kippen. Es ist nicht schön, und da spreche ich aus eigener Erfahrung, wenn sich ein Mensch beim Abendmahl verschluckt, weil der Pfarrer / die Pfarrerin zu schwungvoll war. Sprechen Sie im Vorfeld mit den Mitarbeitenden, um von ihnen Hilfestellung und Rat, vielleicht sogar ganz konkrete Unterstützung beim Austeilen zu erhalten.

Je nach Anzahl der Gottesdienstteilnehmenden und je nach Größe des Raumes kann es sehr schön sein, wenn für einen Abendmahlsgottesdienst die Stühle im Halbkreis gestellt sind (mit Platz für Rollstühle). Dadurch wird der Gemeinschaftscharakter des Abendmahls auch optisch sichtbar. Auch die Feier des Abendmahls mittels *Intinctio* ist eine gute Möglichkeit. Ich habe festgestellt, dass sie bei vielen Menschen bekannt ist und gern davon Gebrauch gemacht wird.

Wann das Abendmahl in einem Gottesdienst seinen Platz hat, ist sicherlich von der jeweiligen Tradition und vom Gottesdienstangebot in der Einrichtung abhängig. Einmal im Monat wäre ein Richtwert.

Ablauf eines Gottesdienstes mit Feier des Abendmahls

Begrüßung	Persönlich
Glockengeläut	Von CD
Musik zu Beginn	
Introitus	Wie gewohnt, aber mit *Hinweis:* Wir feiern in diesem Gottesdienst das Abendmahl miteinander. Gott will uns damit sichtbar und spürbar stärken, will uns seine Gegenwart deutlich machen. Alle, die mögen, sind zum Abendmahl eingeladen.
Lied	
Psalm	Entweder immer Psalm 23 oder jedenfalls die bekannteren (je nach Kirchenjahreszeit)
Gebet	
Bibellesung	Text, der der Ansprache zugrunde liegt

Glaubensbekenntnis	Das Apostolische; können die meisten mitbeten
Lied	
Ansprache	
Lied	Das sollt ihr, Jesu Jünger, nie vergessen (EG 221)
Abendmahlsfeier	*Einleitung:* Wir feiern gemeinsam Abendmahl, das Mahl, das Jesus am Tag vor seinem Tod am Kreuz mit seinen Freunden gefeiert hat. Jesus hat es uns gegeben, damit wir Gemeinschaft mit ihm und untereinander haben. Und er verspricht uns, immer dann selbst da zu sein, wenn wir Brot teilen und Traubensaft trinken. Ihn wollen wir preisen mit dem Lobgesang, der niemals endet: *Sanctus ...* Einsetzungsworte *Vaterunser* *Agnus Dei* Austeilung, währenddessen Instrumentalmusik
Dankgebet	
Abkündigungen	
Fürbitten	Auch für die Mitarbeitenden beten!
Segen	
Musik	
Verabschiedung	Persönlich

Salbungsgottesdienste

Auch Gottesdienste, in denen das Ritual der Salbung praktiziert wird, sind Momente höchster Emotionalität und Spiritualität. Die Salbung ist eine besondere Form der Zuwendung, die in evangelischen Gottesdiensten eher selten vorgenommen und von vielen im Vorfeld eher skeptisch betrachtet wird.

WARUM?

Die Evangelische Kirche im Rheinland hat in einer Handreichung aus dem Jahr 2007 zum Thema „Salbung in Gottesdienst und Seelsorge" einleitend Folgendes festgestellt: „Die Salbung als ein besonderes Segnungsritual in Gottesdienst und Seelsorge wird gegenwärtig in der evangelischen Kirche neu entdeckt. Die Salbung ist biblisch begründet und ökumenisch verbreitet, sowohl in der Orthodoxie als auch im römischen Katholizismus. Im Protestantismus war sie aus verschiedenen Gründen nahezu vergessen. Ihre Wiedergewinnung, ihr Verständnis und ihre verantwortliche Anwendung in der gottesdienstlichen und seelsorgerlichen Praxis der evangelischen Kirche sind zu begrüßen und zu fördern." *(Handreichung der Evangelischen Kirche im Rheinland, Salbung in Gottesdienst und Seelsorge, Düsseldorf 2007, S.1)*

Warum eine Salbung mit Öl erfolgt, wird verständlich, wenn man sich die Bedeutung von Öl in der Antike wie auch in der Bibel vor Augen hält. „Öl ist in der Bibel wie in der Antike überhaupt ein Schutz- und Pflege, Heil- und Genussmittel ... Gegenüber der Handauflegung ist die rituelle Salbung mit Öl ein intensivierter Segnungsgestus – ein Segnen, das unter die Haut geht." *(a. a. O., S.1f.)* Daher sollte nur der / die die Salbung vornehmen, der / die diesem Ritual gegenüber eine positive Einstellung hat, es in seiner Bedeutung schätzt, es selber erfahren hat und erfährt.

Als Salböl benutze ich eine Mischung aus Olivenöl und einem Duftöl mit Rosenduft. Letzteres gibt es in der Apotheke oder im Reformhaus. Als Gefäß kann ein Schälchen aus Keramik oder Glas benutzt werden, in das ein Wattepad oder ein Stückchen Mull gelegt wird. Darauf wird das Rosenöl getropft. Ich stelle es schon vor Gottesdienstbeginn auf den Altar, damit der Duft verströmen kann. Die Menschen sollen ganz sinnlich erfahren, dass „etwas in der Luft liegt".

Die Salbung hat ihren Ort im Gottesdienst nach der Predigt / Ansprache und geschieht persönlich: Mit der Segnungsgeste (Zeige- und Mittelfinger, die in das Öl getaucht wurden) erfolgt die Salbung in die Handinnenflächen der Gottesdienstbesucherinnen und -besucher, die wollen. Dazu werden folgende Worte gesprochen: „Ich salbe dich im Namen Gottes, deines Schöpfers; im Namen Jesu, der dich lieb hat; im Namen des Heiligen Geistes, der dich begleitet."

Es ist auch möglich, beide Handinnenflächen und die Stirn oder auch nur die Stirn zu salben. Wenn Hände und Stirn gesalbt werden, kann auch gut folgender Text gesprochen werden: „Gott segne dein Denken, Fühlen und Handeln." Die Berührung ist behutsam, ohne jedoch zögerlich oder unsicher zu sein. Sie muss spürbar sein, angenehm spürbar. Während der Salbung ist Instrumentalmusik zu hören.

UND DIE WIRKUNG?

Aus der Gottesdienstarbeit im Altenheim und im Krankenhaus weiß ich, dass das Ritual der Salbung sehr gut angenommen wird von den Besucherinnen und Besuchern. Der Mensch mit all seinen Sinnen wird angesprochen. Gottesdienste, in denen das Ritual der Salbung angeboten wird, rühren und berühren. Daher ist es wichtig, dass der Pfarrer / die Pfarrerin im Anschluss daran noch Zeit hat, um Gesprächswünschen nachzukommen.

Ein Kollege, der regelmäßig Gottesdienste in den unterschiedlichsten Altenheimen hält, berichtete von der ganz besonderen

Atmosphäre, die während des Rituals herrsche, auch und gerade bei ansonsten sehr unruhigen Bewohnerinnen und Bewohnern. Und er erzählte von einer Erfahrung mit einigen Mitarbeitenden, die nach einem Salbungsgottesdienst zu ihm gekommen seien und ihm die Hand entgegengestreckt hätten mit einem fragenden „Wir auch?!" Selbstverständlich hat er ihrem Wunsch entsprochen und berichtete von einem sehr konzentrierten und intensiven Moment.

Ablauf eines Gottesdienstes mit Salbung

Begrüßung	Persönlich
Glockengeläut	Von CD
Musik zu Beginn	
Introitus	Wie gewohnt, aber mit *Hinweis:* In diesem Gottesdienst heute feiern wir die Salbung. Sie ist ein Zeichen für die Gegenwart Gottes. In der Bibel werden Menschen gesalbt, wenn sie besondere Aufgaben übernehmen oder wenn sie der besonderen Zuwendung Gottes bedürfen, weil sie etwa krank sind. Auch wir bedürfen der Zuwendung Gottes, immer wieder aufs Neue. Und so lade ich Sie alle herzlich dazu ein.
Lied	
Psalm	Psalm 23 mit besonderer Betonung auf Vers 5b
Gebet	
Bibellesung	Mt 26,6–13: Die Salbung in Betanien
Glaubensbekenntnis	
Lied	
Ansprache	
Lied	In dir ist Freude (EG 398, 1. Strophe)

Salbung	*Einleitung:* Herzlich einladen möchte ich alle zur Salbung. Sie ist sinnlich erfahrbares Zeichen der Gegenwart Gottes und Stärkung für uns. Jesus, der weiß, wie uns zumute ist, lädt uns ein: „Kommt her zu mir alle, die ihr mühselig und beladen seid. Ich will euch erquicken!" Ihn bitten wir um Kraft und um Ruhe. Ihn bitten wir um seinen Segen. *Gebet:* Guter Gott, wenn wir gleich die Salbung erfahren, dann bitten wir: sei du bei uns. Lass uns die Berührung und den Duft zu Herzen gehen. Lass uns so spüren, dass wir von dir gesegnet sind. – *Vaterunser* *Salbung:* „Ich salbe dich im Namen Gottes, deines Schöpfers; im Namen Jesu, der dich lieb hat; im Namen des Heiligen Geistes, der dich begleitet."
Abkündigungen	
Fürbitten	Auch für die Mitarbeitenden beten!
Segen / Musik	
Verabschiedung	Persönlich

Praktische Seelsorge

Rituale angesichts des Trauerfalls

Oft ist das Sterben eines Menschen, auch wenn man mit dessen Tod rechnen konnte, ein Ereignis, das kopflos und hilflos macht. Dass der Arzt gerufen und die Angehörigen informiert werden müssen, sodann der Bestatter gerufen wurden muss – das sind Regularien, die bekannt sind und sicherlich mehr oder weniger automatisch ablaufen.

Aber der Trauer Raum geben, dem Abschied ein Ritual verschaffen – das ist viel schwieriger. Dabei gibt solch ein Ritual Halt und Sicherheit, bietet Hilfe an, den Tod als real anzunehmen. Es gibt den übrigen Bewohnerinnen und Bewohnern sowie auch den Mitarbeitenden Gelegenheit zum Abschied.

Das Erleben des Sterbens meines Vaters im Altenheim hat mir deutlich gemacht, wie wichtig gerade in dieser Situation das Gefühl des Angenommenseins und der Verbundenheit ist. Dies gilt in besonderer Weise natürlich für die Angehörigen, aber auch für die Mitbewohner und für die Mitarbeitenden.

GEDENKEN, BESINNEN UND ABSCHIEDNEHMEN

Vor dem Zimmer meines gerade verstorbenen Vater war nach kurzer Zeit ein kleiner Tisch aufgestellt, mit schwarzer Samtdecke. Darauf stand ein Kreuz, eine kleine Vase mit einem Blümchen, eine brennende Kerze sowie ein Foto meines Vaters. Mir als Tochter tat das sehr gut. Ich denke, das kann noch weiterentwickelt werden.

Neben den oben beschriebenen Gegenständen könnte auch ein Kondolenzbuch auslegen, in das Mitbewohner und Mitarbeitende sich eintragen können, einfach nur mit Namen oder auch mit persönlichen Sätzen über den Verstorbenen oder auch Hoffnungen, Bibelversen, Liedstrophen u. a. m. Es gibt sehr attraktive leere

Bücher zu kaufen, die für solche Zwecke gut geeignet sind; in manchen Werkstätten für Menschen mit Behinderungen werden sie recht preiswert angeboten; ansonsten tut es auch eine schöne Kladde mit unlinierten Blättern.

Das Kondolenzbuch kann, nachdem es eine Weile ausgelegt worden ist, den Angehörigen geschenkt werden. In einer Trauerecke im jeweiligen Wohnbereich der Einrichtung kann der Trauer und der Erinnerung Raum gegeben werden.

Damit all diese Gegenstände dann, wenn sie gebraucht werden, schnell zur Verfügung stehen, empfehle ich, einen *Trauer-Ritual-Korb* zusammenzustellen und so zu deponieren, dass er für alle Mitarbeitenden jederzeit greifbar ist. Es wäre gut, eine Person zu benennen, die dafür zuständig ist, den Inhalt des Korbes von Zeit zu Zeit zu überprüfen und ggf. zu ergänzen. Auch sollte im Vorfeld geklärt sein, welcher Tisch für diesen Zweck genutzt werden soll und wo dieser hingestellt wird, ob vor der Zimmertür des Verstorbenen oder an einer anderen Stelle.

In den Trauer-Ritual-Korb gehören
- ein Tuch (vielleicht aus Samt, warum statt schwarz nicht einmal in einem dunklen Rot?)
- ein Kreuz
- ein Windlicht aus Glas, Ersatzteelichter, Streichhölzer
- eine Bibel
- ein Kondolenzbuch mit Kugelschreiber
- eine kleine Staffelei, auf die ein Foto des Verstorbenen gestellt werden kann
- Kopien von hilfreichen Texten, etwa Psalm 23, Vaterunser, Liedstrophen aus „Befiehl du deine Wege" u. a.

In diesem Zusammenhang kann in der Einrichtung darüber nachgedacht werden, welche Rituale für Menschen, die einer anderen als der christlichen Religion angehören oder die sich gar keiner Religion verpflichtet fühlen, entwickelt werden können.

Der offene Umgang mit dem Sterben und dem Tod hilft dabei, den Tod als Teil des Lebens zu akzeptieren und die Trauer zu verarbeiten. Auch Angehörige können in dieses Ritual mit einbezogen werden. Zu diesem Thema sollte für die Mitarbeitenden des Hauses eine Fortbildung angeboten werden.

Gottesdienste
im Kirchenjahr

1   In froher Erwartung –
Gottesdienst im Advent

Die Adventszeit nimmt von jeher einen ganz besonderen Platz im Lauf des Jahres ein. Schon durch die vielen Äußerlichkeiten – viele Kerzen, Adventsschmuck, Tannengrün etc. – wird deutlich, dass sie etwas Besonderes ist. Sie riecht anders, die Stimmung ist eine andere. Bezüglich der Gestaltung der Andachten und Gottesdienste in dieser Zeit kann dem u. a. durch eine besondere musikalische Gestaltung Rechnung getragen werden. Vielleicht findet sich eine Kindergruppe aus der Kirchengemeinde oder der Musikschule, die bereit ist mitzuwirken.

❭ **Begrüßung nach Musik und Introitus**

Herzlich willkommen Ihnen allen zum Gottesdienst im Advent. Es ist schön, dass Sie da sind! Wir feiern den 1. (2., 3., 4.) Advent und zünden am Adventskranz die 1. (2., 3., 4.) Kerze an.

Dazu wird die jeweils passende Strophe aus EG 17 „Wir sagen euch an den lieben Advent" gesprochen. Viele Bewohnerinnen und Bewohner stimmen leise (oder auch laut) in den Text mit ein, weil er ihnen vertraut ist.

❭ **Lied: EG 1, 1.2.5 „Macht hoch die Tür, die Tor macht weit …"**

❭ **Psalmlesung: Psalm 24 nach der Luther-Übersetzung**

❭ **Gebet**

Guter Gott, wir warten. Wir warten auf dich, darauf, dass du Einzug in unser Leben hältst. Warten fällt uns schwer. Oft sind wir ungeduldig und bisweilen wissen wir gar nicht mehr so recht, worauf wir eigentlich warten. Gott, hilf uns das auszuhalten. Hilf uns nicht die Geduld zu verlieren. Schenke uns wache Sinne, die bereit sind für dich. Amen.

> Bibeltext: Jesu Einzug in Jerusalem (Mt 21,1–11)

> Glaubensbekenntnis

> Lied: Wie soll ich dich empfangen (EG 11,1–3)

> Predigt

Gnade sei mit uns und Friede von Gott, unserem Vater,
und dem Herrn Jesus Christus. Amen.

LIEBE SCHWESTERN UND BRÜDER!

Es ist Advent, die Zeit der Vorbereitung auf Weihnachten. Wir
warten im Advent auf Weihnachten, auf die Ankunft Gottes bei
uns Menschen. Wer ist der, auf den wir warten? Der Evangelist
Matthäus sagt es uns: Es ist der, der da kommt im Namen Gottes – Jesus, der Prophet aus Nazareth in Galiläa. Von seinem Einzug in Jerusalem wird erzählt. Und von den Menschen, die dabei
sind.

Da sind einmal seine Jünger. Sie begleiten Jesu Weg, nicht erst
seit Jerusalem. Sie sind schon länger mit ihm unterwegs, nehmen
teil an allem, was er redet und tut. Sie bereiten seinen Einzug in Jerusalem vor, indem sie für das Reittier sorgen.

Zum andern ist da eine Menge, eine sehr große Menge. Von diesen Menschen wird erzählt, dass sie ihre Kleider vor Jesus auf den
Boden legen, Zweige von den Bäumen reißen und sie ebenfalls vor
ihm auf die Erde streuen. Und sie jubeln: „Hosianna dem Sohn Da-
vids! Gelobt sei, der da kommt im Namen des Herrn!" Warum tun
sie das? Was erwarten sie von Jesus? Was ist das eigentlich für ein
Ruf „Hosianna"?

Ein Blick ins Wörterbuch hilft weiter. Hosianna bedeutet auf
Deutsch übersetzt „Hilf doch!" Dadurch erhält dieser Ruf eine
neue Bedeutung. Er ist weniger Jubelruf als vielmehr Hilferuf,
Schrei der Verzweiflung. Einer, der Hosianna ruft, leidet – an seiner
Zeit, an seinen Mitmenschen, an sich selber. Einer, der Hosianna

ruft, hofft auf Veränderung. Er setzt seine Hoffnung in den, der da kommt im Namen Gottes, in Jesus von Nazareth.

Es sind hohe Erwartungen. Es sind die Erwartungen all derer, die allein nicht mehr weiterwissen. In ihrem Schrei keimt Hoffnung auf in hoffnungsloser Situation.

Ich kann sie richtig hören, die Menschen, wie sie rufen: „Jetzt, jetzt kommt er, der Retter, der, der uns frei macht. Er kommt im Namen Gottes. Er wird uns gerecht behandeln. Er wird allen die Augen öffnen."

Und ich? Auch ich gehe mit Erwartungen und Hoffnungen in die Adventszeit. Auch ich brauche ein Licht der Hoffnung. Ich brauche die Botschaft des Friedens. Ich sehne mich danach, dass Gott mitten unter uns Menschen aufleuchtet, dass ein Hoffnungsstrahl in meine Gedanken einbricht, dass ich keine Angst zu haben brauche. Damals wie heute setzen Menschen ihre Hoffnungen auf den, der da kommt im Namen Gottes, auf Jesus von Nazareth.

Wer ist der?, so fragt die Stadt Jerusalem bei seinem Einzug. Wer ist der?, so fragt auch heute manch einer unter uns. Jesu Einzug in Jerusalem ist nicht der eines Königs. Keiner der Offiziellen Jerusalems heißt ihn willkommen, kein großer Bahnhof, so würden wir heute sagen. Nur eine sehr große Menge, viele zwar, aber „ganz normale Sterbliche".

Und Jesus selber verhält sich ebenfalls alles andere als mächtig oder gewaltig oder pompös. Da kommt einer von unten, auf einem Esel, dem Lasttier des einfachen Volkes, auf einem Esel, der als geduldig gilt, als belastbar und genügsam. Das spricht eine deutliche Sprache: Friede ist wichtiger als Macht und Gewalt. Jesus beschenkt die Menschen und macht sie reich. Er schenkt Güte und Gerechtigkeit, macht reich an Hoffnung und Lebensperspektiven. Jesus lebt vor, was Versöhnung zwischen Menschen bedeutet, und lässt Gemeinschaft erfahren.

Jesus lehrt mich, mit den Durststrecken in meinem Leben geduldig zu sein, und gleichzeitig pflanzt er mir die ungebrochene Hoffnung ins Herz, dass ich mit neuer Kraft aufgerichtet werde und dass keiner verloren geht, auch ich nicht! Ihm kann auch ich mein „Hosianna", mein „Herr, hilf doch!" zurufen. Ich weiß, dass er mich hört. Ich kann ihm meine Ängste und Sorgen anvertrauen und meine Hoffnungen und meine Freude. Das ist eine faszinierende Botschaft. Sie ist wie ein Mantel, in den ich hineinschlüpfen kann, der mich wärmt und der mir Geborgenheit gibt.

Und der Friede Gottes, der höher ist als unsere Vernunft,
bewahre unsere Herzen und Sinne in Christus Jesus, unserm Herrn. Amen.

> **Lied: Tochter Zion, freue dich (EG 13)**

> **Bekanntmachungen**

> **Fürbitten**

Gott, wir warten auf dich. Wir warten auf dein Kommen. Nicht nur im Advent, aber da wird es uns besonders deutlich. Wir bitten dich für uns und für alle Menschen, die uns wichtig sind: Sei bei uns mit deinem guten Wort. Hilf uns das Leben anzunehmen und zu gestalten. Besonders legen wir dir diejenigen von uns ans Herz, die krank sind, die Geburtstag haben, die Verstorbenen und die, die neu zu uns gekommen sind. Auch die Mitarbeiterinnen und Mitarbeiter befehlen wir deiner Hilfe und Unterstützung an.

Gott, wir alle warten auf dich. Lass uns dabei nicht allein! Gott, komm du zu uns. Amen.

> **Vater unser**

> **Segen**

> **Musik zum Ende**

> **Persönliche Verabschiedung**

2 Lebkuchen – Lebenskuchen – Gottesdienst zu Weihnachten

Da in vielen Häusern am Heiligabend Weihnachtsfeiern stattfinden, sei es in den verschiedenen Wohngruppen und sei es eine „zentrale", muss der Termin für den Gottesdienst gut abgestimmt sein. Schön ist es, ihn am frühen Heiligabendnachmittag zu feiern, als Auftakt für die sich daran anschließenden internen Veranstaltungen. Falls die musikalische Begleitung von wechselnden Personen vorgenommen wird, sollte der Pfarrer / die Pfarrerin frühzeitig Termine absprechen, da Musiker gerade an Heiligabend erfahrungsgemäß sehr stark gefragt sind. Es ist damit zu rechnen, dass an Heiligabend deutlich mehr Angehörige im Gottesdienst anwesend sind als sonst.

Inhaltlich geht es in diesem Gottesdienst um Lebkuchen. Es wäre schön, wenn am Ende des Gottesdienstes jeder Besucher / jede Besucherin ein Stück Lebkuchen geschenkt bekäme. In Einrichtungen, die noch selbst backen und kochen, könnte das sogar von den Mitarbeitenden in der Hauswirtschaft oder Küche übernommen werden.

❯ **Begrüßung nach Musik und Introitus**

„Euch ist ein Kindlein heut geborn!" – Das, liebe Gemeinde, ist die gute Nachricht, die frohe Botschaft, die wir heute feiern. Ein Kindlein ist geboren – Gott für uns! Da können wir nicht still im Kämmerlein bleiben. Das muss hinausgetragen werden in die Welt, muss weitergesagt werden, denn es bedeutet Hoffnung und Rettung. Es ist schön, dass Sie alle da sind, damit wir das gemeinsam in diesem Gottesdienst feiern können.

❯ **Lied: Vom Himmel hoch (EG 24)**

❯ **Psalmlesung: Ps 96,1–3.10–13**

❯ Gebet

> Gott, wir feiern heute, dass du Mensch geworden bist. Du machst dich klein, wirst ein Kind und kommst uns ganz nah und machst uns dadurch groß. Darüber freuen wir uns. Hilf uns, diese Freude zu bewahren und sie weiter zu schenken, nicht nur an Weihnachten, sondern an allen Tagen unserer Zeit. Amen.

❯ Bibeltext: Lk 2,1–20 „Die Weihnachtsgeschichte"
(unterbrochen durch Instrumentalmusik)

❯ Glaubensbekenntnis

❯ Lied: Ihr Kinderlein, kommet EG 43

❯ Predigt

Gnade sei mit uns und Friede von Gott, unserem Vater,
und dem Herrn Jesus Christus. Amen.

LIEBE GEMEINDE,

> Weihnachten ist ein ganz besonderes Fest. Es nimmt eine besondere Stellung ein im Jahr, auch im Kirchenjahr. Auch wenn es gar nicht mal das älteste christliche Fest ist. Das älteste christliche Fest ist Ostern. Weihnachten ist einige hundert Jahre jünger. Doch wie dem auch sei: Für viele ist es das Fest schlechthin. Das hat mit den vielen Sitten und Bräuchen zu tun, die wir damit verbinden. Hat auch zu tun mit den schönen Liedern und den oft anrührenden Krippenspielen, mit dem Kerzenschein und den Düften.
>
> Weihnachten ist etwas für die Sinne und für die Erinnerung. Gerade an Weihnachten riecht es oft nach Gewürzen und Ihnen, liebe Gemeinde, kommen dann vielleicht Erinnerungen. Erinnerungen an gute oder auch an schlechte Weihnachtszeiten, an Zeiten der Entbehrung oder auch an Zeiten des Staunens oder der Freude.
>
> Für viele von Ihnen, und auch für mich, gehören zu Weihnachten unbedingt Lebkuchen dazu. Diese hier …

Körbchen mit Lebkuchen hochhalten und dann auf den Altar stellen; ein Stück zu „Demonstrationszwecken" behalten

… wurden extra für uns heute von den Mitarbeitenden in der Küche gebacken. Sie duften herrlich und schmecken auch ganz bestimmt wunderbar. In diesen Lebkuchen sind allerlei Gewürze, die gut tun und gut sind für die Gesundheit.

Lebkuchen wurden in früheren Zeiten in den Klöstern gebacken und an die Armen und Bedürftigen verschenkt. Sie waren für viele Menschen „Lebenskuchen", auch wenn das Wort Lebkuchen nichts mit unserem Wort Leben zu tun hat, sondern mit dem germanischen „Leib", engl. „loaf" verwandt ist.

Dennoch waren die klösterlichen Lebkuchen für viele Menschen wirkliche Lebenskuchen und sollten helfen, in der kalten Jahreszeit zu überleben. Die besonderen Lebkuchengewürze sollten das Herz stärken, den Atem frei halten und die Lebensgeister wecken. Lebkuchen sind Lebensbrote und weisen hin auf Jesus, der Heil und Leben mit sich bringt. Dabei kann der heilsamen Wirkung des Lebkuchens auf den Körper eine heilsame Wirkung auf die Seele folgen.

Ich habe mich nach dem Rezept unserer Lebkuchen hier erkundigt und habe herausgefunden, welche Gewürze in ihnen sind.

Da ist z.B. *Ingwer* drin. Ingwer erwärmt von innen und beugt Erkältungskrankheiten vor. Und *Anis* ist ebenfalls drin. Anis wirkt Schleim lösend und tut gut, wenn das Atmen schwerfällt. Und ein klein wenig *Gewürznelke*, die beruhigt den Magen und ist Schmerz lindernd, sogar bei fiesem Zahnweh. *Kardamon* hilft gegen Blähungen und Druck im Bauch und löst Spannungen und Krämpfe. *Koriander* verbessert das Gedächtnis, regt Geist und Gehirn an. Und als letztes ist *Zimt* zu nennen. Er spendet Energie und rundet den süßen Geschmack ab.

Liebe Gemeinde, Lebkuchen sind Lebensbrote. Ich wünsche Ihnen, dass die Gewürze des Lebenskuchens heilsam für Sie sind und dass Ihnen der Lebenskuchen Kraft gibt. Mögen Sie alle Tage die Kraft Gottes spüren über sich, neben sich und in sich drinnen.

Jesus selbst ist Brot des Lebens und er ist Mensch geworden für jeden und jede von uns. Nicht umsonst ist er ausgerechnet in Bethlehem geboren – und das heißt auf Deutsch „Haus des Brotes". Darauf weist uns der Lebkuchen als Brot des Lebens hin. Wenn Sie alle nach dem Gottesdienst ein Stück von unserem Lebkuchen erhalten, dann essen Sie ihn ganz genüsslich, morgen oder übermorgen oder in den nächsten Tagen, und lassen Sie die Kraft und Energie, die Gott schenkt, in sich wirken. Gesegnete, frohe Weihnachten!

Und der Friede Gottes, der höher ist als all unsere Vernunft,
bewahre unsere Herzen und Sinn in Christus Jesus, unserm Herrn.
Amen.

❯ **Lied: Lobt Gott, ihr Christen alle gleich (EG 27)**

❯ **Bekanntmachungen**

❯ **Fürbitten**

Gott, im Kind in der Krippe bist du Mensch geworden. Damit kommst du in unser Leben und machst es reich. Wir bitten dich: Lass uns diesen Reichtum am Leben bewahren. Lass ihn uns weitergeben an andere. Wir bitten für alle Menschen, die uns nahe stehen und die wir liebhaben: Lass auch sie an der weihnachtlichen Freude Anteil haben. Auch für die, die Sorgen haben, weil sie krank sind oder im Sterben liegen, bitten wir: Halte sie in deiner Hand und lass sie die Fülle des Lebens erkennen. Amen.

❯ **Vater unser**

❯ **Segen**

Gott segne dich und behüte dich. Gott lasse sein Angesicht leuchten über dir und sei dir gnädig. Gott erhebe sein Angesicht auf dich und schenke dir Frieden. Amen.

Der Gottesdienst endet mit dem gemeinsam gesungenen „O du fröhliche ..." (EG 44,1–3). Evtl. daran anschließend noch Instrumentalmusik

> Persönliche Verabschiedung und Verteilen der Lebkuchen

3   365 Tage – Zeit! –
Gottesdienst zum Jahresbeginn

》 **Einleitende Worte (nach Begrüßung, Musik und Introitus)**

Liebe Gemeinde, ein neues Jahr hat begonnen. Es ist erst wenige Stunden / Tage alt. Es liegt vor uns wie ein Stück Land, durch das wir uns unseren Weg erst noch bahnen müssen. Wir wollen Gott in diesem Gottesdienst um sein Geleit bitten.

》 **Lied: Nun lasst uns gehen und treten (EG 58, 1.2.6.11)**

》 **Psalmlesung: Ps 31,2–6.8.9.15–17.23.25**

》 **Gebet**

Gott, wie schnell die Zeit vergeht! Schon wieder hat ein neues Jahr begonnen. Ich weiß nicht, was es für mich bereit hält. Wird es ein gutes Jahr? Werde ich Schmerzliches erfahren müssen? Gott, lass mich darauf trauen, dass meine Zeit in deinen Händen steht. Das tröstet mich und lässt mich ruhig werden. Lass mich auf dich und dein Wort hören, wenn ich allein nicht mehr weiter weiß. Gib mir offene Augen und Ohren für das, was du mir zeigen und sagen willst. Amen.

》 **Bibeltext: Prediger 3,1–8 und 1 (Ein jegliches hat seine Zeit)**

》 **Glaubensbekenntnis**

》 **Lied: Der du die Zeit in Händen hast (EG 64, 1–3)**

》 **Predigt**

Gnade sei mit uns und Friede von Gott unserem Vater und dem Herrn Jesus Christus. Amen.

da geht sie dahin – die Zeit!

Großen Wecker oder Uhr, möglichst mit Sekundenzeiger, zeigen und gut sichtbar neben sich auf das Pult oder auf den Altar stellen

Es ist meine Zeit, meine Lebenszeit, die verrinnt. Mal habe ich den Eindruck, sie vergeht langsam. Mal ist mir so, als würde sie nur so dahinrasen. Das hängt davon ab, in welcher Lebensphase ich mich gerade befinde.

Als ich klein war, da dauerte es scheinbar ewig, bis endlich, endlich der heiß ersehnte Geburtstag da war. Kennen Sie das auch? Und wie oft habe ich meine Eltern gelöchert, wann denn nun endlich Weihnachten ist. Wie gut, dass ich einen Adventskalender hatte. Da war die Zeit doch ein wenig begreifbarer. Noch fünfmal schlafen, dann ist es endlich so weit! Noch viermal, dreimal, zweimal, nur noch einmal!! Und dann ist der große Tag da – und ist viel zu schnell schon wieder vorbei!

Als ich dann erwachsen wurde, wurde das anders. Die Zeit vor Prüfungen etwa war viel zu schnell vorbei. Da hätte ich zum Lernen und Vorbereiten gut und gern doppelt so viele Wochen, Tage und Stunden gebrauchen können. Die Prüfungen selber zogen sich dann wieder wie Kaugummi in die Länge, ähnlich wie Besuche beim Zahnarzt!

Und heute habe ich den Eindruck, dass ein Jahr, kaum dass es begonnen hat, schon wieder vorbei ist. Eine Freundin, die ich schon lange kenne und die vor Kurzem ihren 70. Geburtstag feierte, sagte mir: „Die Zeit vergeht immer schneller, je älter ich werde." Geht es Ihnen auch so? Empfinden Sie das genauso wie meine Freundin: Die Zeit vergeht immer schneller, je älter Sie werden?

An dieser Stelle bietet es sich an mit den Gottesdienstbesucherinnen und -besuchern ins Gespräch zu kommen. Wie empfinden sie die Zeit? Es kann gut sein, dass sich im Gespräch auch der gegenteilige Aspekt auftut, dass etwa der

111

Eindruck vorherrscht, die Zeit vergehe gar nicht, sie sei eintönig, müsse „vertrieben" oder gar „totgeschlagen" werden.

Liebe Schwestern und Brüder, die Zeit vergeht nicht schneller oder langsamer. Sie ist gleich, ganz egal, ob ich jung bin oder alt. Jedes Jahr hat 12 Monate. Jeder Monat hat 30 oder 31 Tage, der Februar 28 und alle vier Jahre 29 Tage. Jeder Tag hat 24 Stunden, jede Stunde 60 Minuten, jede Minute 60 Sekunden. Daran ändert sich nichts, während meines ganzen Lebens nicht.

Es ist mein ganz persönliches Empfinden, das mir etwas vormacht. Es ist mein persönliches Empfinden, das aus der Zeit für mich bisweilen etwas Beängstigendes und Bedrohliches macht. Wie gut tut es da, Texte aus der Bibel zu hören, die mich daran erinnern, meine Zeit mit Gelassenheit und Gottvertrauen anzunehmen!

Der eine Text stammt aus dem Buch des weisen Predigers Salomo. Sie haben ihn eben gehört. Er erzählt davon, dass alles im Leben seine Zeit hat. Der andere Text ist ein Vers aus Psalm 31: „Meine Zeit steht in deinen Händen."

Liebe Schwestern und Brüder,
da geht sie dahin – die Zeit, meine Zeit, unsere Zeit!

Hinweis auf die Uhr auf dem Altar, deren Sekundenzeiger unaufhörlich weitergeht …

Sie ist mir von Gott geschenkt für all die ganz unterschiedlichen Phasen und Zeiten meines Lebens. Sie hat nichts Bedrohliches, hat nichts Beängstigendes. Sie gehört zu mir und ich gehöre zu ihr. Und wir beide, meine Zeit und ich, sind geborgen in Gottes Hand. Dass Sie alle das im neuen Jahr und in all der Zeit, die Ihnen bleibt, spüren, wünsche ich Ihnen von Herzen.

Und der Friede Gottes, der höher ist als all unsere Vernunft,
bewahre unsere Herzen und Sinne in Christus Jesus. Amen.

> **Lied: Ach bleib mit deiner Gnade... EG 347,1–6**

> **Bekanntmachungen**

> **Fürbitten**

> Guter Gott, meine Zeit steht in deinen Händen. Ich kann ruhig
> werden vor dir, denn ich weiß: Du bist bei mir. In deinen Hän-
> den bin ich geborgen. Du gehst mit mir durch die Zeiten mei-
> nes Lebens, auch in diesem neuen Jahr. Besonders ans Herz legen
> will ich dir all die Menschen, die mir wichtig sind, die Familie, die
> Freunde, die Mitbewohnerinnen und Mitbewohner, die Mitarbei-
> tenden hier im Haus. Lass auch sie spüren, dass ihre Zeit gesegnete
> Zeit ist. Amen.

> **Vater unser**

> **Segen**

> **Musik zum Ende**

*falls es sich Organist/in oder Pfarrer/in zutrauen, könnte an dieser Stelle das
Lied „Meine Zeit steht in deinen Händen, nun kann ich ruhig sein, ruhig sein
in dir..." von Peter Strauch als Sologesang mit Klavierbegleitung gesungen
werden.*

> **Persönliche Verabschiedung**

4 Der Stern zeigt ihnen den Weg – Gottesdienst zu Epiphanias

) **Einleitende Worte (nach Musik und Introitus)**

„Wir haben seinen Stern gesehen und sind gekommen ihn anzu-
beten." – Das sagen die Weisen aus dem Morgenland zu Herodes
und meinen damit den neugeborenen König der Juden. Sie meinen damit das Kind in der Krippe im Stall zu Bethlehem, dessen
Geburtstag wir gefeiert haben. Ein Stern hat sie geführt. Ein Stern
vielleicht wie der hier.

*Entweder einen Stern mitbringen oder aber auf einen Stern Bezug nehmen,
der im Rahmen der Weihnachtsdekoration sicher noch irgendwo im Raum
hängt.*

Um diesen Stern soll es heute Morgen in unserem Gottesdienst gehen, darum, dass er auch für uns zum Wegweiser werden kann. Es
ist schön, dass Sie alle da sind!

) **Lied: Wie schön leuchtet der Morgenstern (EG 70,1–2)**

) **Psalmlesung: Psalm 100**

) **Gebet**

Gott, der Stern von Bethlehem nimmt mich mit auf die Reise zu
dir. Wie gern möchte ich mitkommen! Doch oft werde ich ab-
gelenkt durch anderes, das heller zu sein scheint und dein Licht
überdeckt. Lass mich wach sein, Gott, für dich und dein Wort.
Amen.

) **Bibeltext: Die Weisen aus dem Morgenland (Mt 2,1–12)**

) **Glaubensbekenntnis**

> Lied: Wie schön leuchtet der Morgenstern (EG 70, 3–4)

> Predigt

Gnade sei mit uns und Friede von Gott unserem Vater
und dem Herrn Jesus Christus. Amen.

LIEBE GEMEINDE,

Viele von Ihnen kennen vermutlich das Capri-Fischer-Lied, vor fast
70 Jahren komponiert und getextet und u. a. von Rudi Schuricke
gesungen.

Wenn bei Capri die rote Sonne im Meer versinkt
und vom Himmel die bleiche Sichel des Mondes blinkt,
ziehn die Fischer mit ihren Booten aufs Meer hinaus,
und sie legen in weitem Bogen die Netze aus.
Nur die Sterne, sie zeigen ihnen am Firmament
ihrem Weg mit den Bildern, die jeder Fischer kennt ...

Und dann kommt der Refrain, der von dem Lied erzählt, das von
Boot zu Boot erklingt und von der schönen Maria handelt, zu der
unser Fischer ganz, ganz sicher zurück kommen wird.

Den Sternen kommt in diesem Lied eine ganz wichtige Bedeutung zu. Sie sind Wegweiser, sie führen ans Ziel. Nicht erst bei den
Capri-Fischern ist das so. Zu Zeiten, als es noch keine Navigati-
onsgeräte, keinen Kompass und auch sonst keine Hilfsmittel gab,
waren es die Sterne, die diese Aufgabe übernahmen. Gut war der
dran, der sich mit den Sternen auskannte. Und umgekehrt hatte
der, der unwissend in dieser Hinsicht war, schlechte Karten.

Auch in der Bibel wird davon erzählt, dass das so ist. Wir haben
es vorhin in der Lesung gehört. Da ist von einem Stern die Rede,
der weise Menschen von weit, weit her zu dem neugeborenen Je-
suskind geführt hat. Der Stern ist so bekannt geworden, dass er
einen ganz besonderen Namen bekommen hat. Er heißt „Weihnachtsstern" und darf bei keiner Krippendarstellung fehlen, genauso wenig wie Ochs und Esel, die Hirten und der Engel.

Stern über Bethlehem, zeig uns den Weg,
führ uns zur Krippe hin, zeig, wo sie steht,
leuchte du uns voran, bis wir dort sind,
Stern über Bethlehem, führ uns zum Kind.

So wird es in einem Lied besungen, das gut zwanzig Jahre nach den Capri-Fischern entstanden ist. Vielleicht kennen Sie auch dieses Lied.

Trotz modernster Technik sind wir auch heute noch immer auf den Weihnachtsstern, auf den Stern von Bethlehem angewiesen. Auch heute noch lässt er sein Licht leuchten und führt uns hin zum Kind in der Krippe. Ohne ihn würden wir daran vorbeilaufen. Ohne ihn wäre es dunkel um und in uns. Von ihm erleuchtet und geführt, erkennen wir das Wunder der Weihnacht, spüren, dass Gott Mensch geworden ist.

Stern über Bethlehem, nun bleibst du stehn
und lässt uns alle das Wunder hier sehn,
das da geschehn, was niemand gedacht,
Stern über Bethlehem, in dieser Nacht.

Stern über Bethlehem, wir sind am Ziel,
denn dieser arme Stall birgt doch so viel.
Du hast uns hergeführt, wir danken dir.
Stern über Bethlehem, wir bleiben hier.

Nein, liebe Gemeinde, wir bleiben nicht stehen. So verlockend das auch sein mag. Der Stern von Bethlehem weist uns auch wieder den Weg zurück, zurück nach Hause. Aber wir sind nicht mehr dieselben wie vor der Reise. Die Begegnung mit dem Kind in der Krippe verändert Menschen. Das Licht, das uns anstrahlt, lässt uns selber strahlen. Strahlen für uns und für andere.

Stern über Bethlehem, kehrn wir zurück,
steht noch dein heller Schein in unserm Blick,
und was uns froh gemacht, teilen wir aus,
Stern über Bethlehem, schein auch zu Haus!

Text und Melodie Alfred Hans Zoller © Gustav Bosse Verlag, Regensburg

Das, liebe Gemeinde, haben die Sterne der Capri-Fischer und der Stern von Bethlehem gemeinsam: Sie führen hin zum Leben, hinein ins Helle nach der Dunkelheit der Nacht. Lassen wir uns doch führen von dem Stern von Bethlehem!

Und der Friede Gottes, der höher ist als all unsere Vernunft,
bewahre unsere Herzen und Sinne in Christus Jesus. Amen.

❭ **Lied: Wisst ihr noch, wie es geschehen (52)**

❭ **Bekanntmachungen**

❭ **Fürbitten**

Gott, du selber willst unser Licht sein. Dafür sagen wir dir danke. Es tut gut zu wissen, dass du uns begleitest. Denn dein Licht ist ein verlässliches Licht. Lass uns füreinander Licht sein, gerade in diesen Tagen besonders für … (s. Bekanntmachungen). Und gemeinsam beten wir weiter, wie wir es von Jesus gelernt haben:

❭ **Vater unser**

❭ **Segen**

❭ **Musik zum Ende**

❭ **Persönliche Verabschiedung**

5 Die Kirchen-Farbe Lila – Gottesdienst in der Passionszeit

> **Einleitende Worte nach Musik und Introitus**
>
> Am Aschermittwoch hat die Passionszeit begonnen, die Zeit im Kirchenjahr, in der wir uns an Jesu Leiden vor seinem Tod am Kreuz erinnern. Es ist eine eher stille Zeit, eine Zeit der Besinnung, eine Zeit der Buße. Zum Stillwerden, zum Nachdenken möchte ich Sie in diesem Gottesdienst einladen. Es ist schön, dass Sie da sind!

> **Lied: Wer nur den lieben Gott lässt walten (EG 369, 1.2.7)**

> **Psalmlesung: Psalm 22, 2–6.12.20**

Dieser Psalm kann alle Gottesdienste der Passionszeit begleiten.

> **Gebet**
>
> Gott, wir werden still und denken über den Leidensweg Jesu nach. Auch das, was uns selber belastet und weh tut, kommt dabei in den Blick. Stärke uns mit deinem Wort und deinem guten Geist und schenke uns gute Gedanken. Amen.

> **Bibeltext: Jesaja 53,2b-6**

> **Glaubensbekenntnis**

> **Lied: Herr, stärke mich, dein Leiden (EG 91,1–4)**

> **Predigt**

Gnade sei mit uns und Friede von Gott unserem Vater
und dem Herrn Jesus Christus. Amen.

An den Farben des Altarschmuckes ist die jeweilige Zeit des Kirchenjahres zu erkennen. In der Kirche, in der Sie früher zu Hause waren, hingen an Altar und Kanzel bestimmt jeweils schön gewebte Tücher in verschiedenen Farben. An den großen Feiertagen Weihnachten und Ostern in weiß, in der Pfingstzeit waren sie rot und in der Trinitatiszeit grün. Hier bei uns zeigen verschieden farbige Tücher aus Tüll an, in welcher Kirchenjahreszeit wir uns gerade befinden. Seit Aschermittwoch sind wir in der Passionszeit und ihre Farbe ist violett oder lila.

Entsprechendes Tuch zeigen

Lila ist in der Mode immer wieder eine sehr aktuelle Farbe. Von zartfliederfarben bis hin zum kräftigen Dunkellila gibt es eine ganze Palette der unterschiedlichsten Schattierungen bei Röcken, Blusen, Hemden, Schals und Schmuck. Mal dominiert der Blauanteil, mal der Rotanteil.

Für meine Großmutter war lila „der letzte Versuch"! Ich weiß gar nicht so genau, was sie damit meinte und woher dieser Spruch stammt. Jedenfalls war es nichts Schmeichelhaftes. Ob das bei unserem „Kirchenlila" hier und der Passionszeit, für die es steht, auch so ist? Der letzte Versuch?

In der Passionszeit steht Jesu Leiden auf seinem Weg ans Kreuz im Mittelpunkt unserer Gedanken. In den biblischen Texten, die wir in dieser Zeit hören, geht es um Krankheit, Schmerzen, Unrecht und Enttäuschung. Themen, die uns allen nur allzu vertraut sind. Und so liegt es auf der Hand, dass wir in der Passionszeit nicht nur an Jesu Leiden denken, sondern auch an unsere eigenen Schmerzen, Verletzungen und Wunden und an das Elend in der Welt.

Das tut gut, denn es macht krank, wenn ich diese Erfahrungen auf Dauer verdränge. Doch genauso ungesund ist es, nur noch bei diesen Themen zu verharren, nur noch über Krankheiten und Enttäuschungen zu sinnieren, nur noch damit zu hadern, dass ich dies oder jener nur noch schlecht oder gar nicht mehr kann.

Meine Tochter sagte mir neulich, nach dem Besuch einer meiner gleichaltrigen Freundinnen: „Man merkt doch, dass ihr langsam alt werdet. Die Gespräche über Krankheiten werden immer mehr!" Ob sie recht hat, meine Tochter? Mit dem Altwerden oder Älterwerden sicher! Aber dass deshalb zwangsläufig Krankheiten die Gespräche bestimmen – das muss nicht sein. Es liegt bei mir selbst, darauf zu achten. Nicht bei dem stehenzubleiben, was nicht mehr so gut funktioniert, sondern es zu akzeptieren als einen Teil von mir, der ab jetzt zu mir dazu gehört – das ist die Herausforderung, die es zu schaffen gilt.

Gott lässt mich dabei nicht allein. Im Gegenteil! Im Leiden Jesu von Nazareth geht er diesen Weg mit mir und mit uns allen. Dabei spielt es keine Rolle, was Sie nun gerade schmerzt, ob Seelisches oder Körperliches oder beides. Gott nimmt Sie und mich in unseren Befindlichkeiten ernst und gibt uns einen Hinweis für den Weg aus der Krise.

In unserem Kirchenlila wird das symbolhaft deutlich. Denn Lila ist eine Mischfarbe. Sie besteht aus blau und rot. Blau gilt für viele Menschen und in vielen Kulturen als Farbe des Himmels. Rot dagegen steht für das Irdische, Menschliche, Körperliche. So vereinen sich in der Farbe Lila beide Bereiche miteinander, das Göttliche und das Irdische. Gott begibt sich in unsere Welt, in unser Leben, nimmt Anteil, wird sogar ein Teil davon und bleibt doch Gott, genau wie wir Menschen Menschen bleiben.

Und so ist die Farbe lila in der Tat der letzte Versuch Gottes. Der letzte Versuch, uns zu zeigen, ja uns zu demonstrieren, dass wir in Leid und Not nicht allein sind. Im Kreuz steht er ganz menschlich an unserer Seite.

Tragen Sie doch öfter mal was in lila! Es wird Sie an die Nähe Gottes erinnern, auch und gerade in schmerzlichen Zeiten.

Und der Friede Gottes, der höher ist als all unsere Vernunft,
bewahre unsere Herzen und Sinne in Christus Jesus. Amen.

❯ **Lied: Jesu, meines Lebens Leben (EG 86,1)**

❯ **Bekanntmachungen**

❯ **Fürbitten**

> Guter Gott, auch im Leid lässt du uns nicht allein. Das tut gut! Wir
> denken besonders an die Menschen hier und anderswo, die krank
> sind, ohne Hoffnung, allein und enttäuscht. Halte du sie in deinen
> barmherzigen Händen. Schenke ihnen und uns Lebensmut, auch
> in schwierigen Zeiten. Besonders denken wir an die ... (s. Bekannt-
> machungen). Sei du bei uns allen. Amen.

❯ **Vater unser**

❯ **Segen**

❯ **Musik**

❯ **Persönliche Verabschiedung**

6 Wir sind zu Gast bei Gott – Abendmahlsgottesdienst am Gründonnerstag

Im Vorfeld (ein bis zwei Wochen vorher) sollten die Mitarbeitenden darüber informiert werden, dass Bewohnerinnen und Bewohner nach dem Gottesdienst das Abendmahl auch in ihren Zimmern empfangen können, wenn sie nicht zum Gottesdienst kommen können oder wollen.

Eine solche Abendmahlsfeier kann aus einleitenden Worten (vgl. S. 86), den Einsetzungsworten, dem Vaterunser, der Austeilung mit abschließendem Segensgestus bestehen. Für solche Anlässe sollte ein entsprechendes Equipment zur Verfügung stehen, bestehend aus dem Abendmahlsgerät (Einzelkelch), Stoffservietten, Kerze mit Streichhölzern und kleinem aufstellbarem Kreuz. Gut ist es, wenn jemand als Begleitung und zur Unterstützung mitgehen kann.

❭ Einleitende Worte
nach Glockengeläut (CD), Musik und Introitus

Wir feiern Gottesdienst am Gründonnerstag, mitten in der Karwoche. Am Gründonnerstag denken wir von Alters her an das letzte Mahl Jesu vor seinem Tod. Wir erinnern uns daran, dass Jesus uns das Abendmahl als sein Testament hinterlassen hat. Das soll uns sichtbar und spürbar stärken, will uns Gottes Gegenwart deutlich machen. Alle, die mögen, sind nachher zum Abendmahl eingeladen.

❭ Lied: Gott ist gegenwärtig (EG 165,1.2)

❭ Psalmlesung: Psalm 23

❭ Gebet

Gott, hier ist für uns heute der Tisch bereitet, denn wir feiern gemeinsam das Abendmahl. Lass es für uns zur Stärkung werden.

Lass uns offen sein für die Gemeinschaft mit dir und mit den Menschen neben uns. Amen.

❯ **Bibeltext: Das Abendmahl (Lukas 22,7–20)**

❯ **Glaubensbekenntnis**

❯ **Lied: Im Frieden dein, o Herre mein (EG 222,1–3)**

❯ **Predigt**

Gnade sei mit uns und Friede von Gott unserem Vater und dem Herrn Jesus Christus. Amen.

LIEBE GEMEINDE!

„Wenn ihr von diesem Brot esst und aus diesem Kelch trinkt, dann bin ich mitten unter euch!" – Das ist das Vermächtnis, das Testament, das Jesus seinen Freunden hinterlässt. – Gemeinsam von einem Brot essen und aus einem Gefäß trinken: Was ist daran schon so Besonderes? Beschreiben kann ich es kaum, das Besondere. Und doch spüre ich, dass da etwas ist. Es ist anders als sonst, wenn im Gottesdienst Abendmahl gefeiert wird. Die Stimmung der Menschen, die daran teilnehmen, ist wirklich eine besondere, sie ist irgendwie feierlicher, bei manchen auch ernster, bei anderen fröhlicher. Das merke ich, wenn ich in die Gesichter der Abendmahlsgäste schaue.

Es ist ein Fest, eine Feier, die nach einem ganz bestimmten Ritual abläuft. Es werden die vertrauten Worte vom Leib und vom Blut Christi gesprochen. Die alten Gesänge vom Lamm Gottes, das die Sünden der Welt trägt, gehören für viele dazu, genauso wie der große Lobgesang, das „Heilig, heilig, heilig". Und als Tischgebet das Vaterunser, das darf auf keinen Fall fehlen. In diesem Ablauf fühle ich mich zu Hause. Der ist mir vertraut, dem kann ich mich hingeben.

Wenn ich Gast beim Abendmahl bin, dann bin ich am „Tisch des Herrn", bin sozusagen bei Gott zu Besuch. Gott lädt mich ein und will, dass es mir gut dabei geht. Das, was mich belastet, kann ich hier loswerden. Ich erfahre Stärkung für mein Leben und für meinen Glauben.

Gott schenkt mir mit seiner Einladung zum Abendmahl Gemeinschaft mit sich selbst. Doch bin ich nicht allein zu Gast. Die anderen, die mit mir da sind, sind es auch. Auch ihnen gilt Gottes Einladung. Sie sind genauso willkommen wie ich. Mit ihnen verbindet mich etwas. Auch wenn ich sie eigentlich gar nicht oder gar nicht so richtig kenne, so gehöre ich doch mit ihnen zusammen zur Familie Gottes.

Was bringe ich mit zu dieser Einladung? Das gehört sich schließlich so, dass man ein Gastgeschenk dabei hat. Darüber, liebe Gemeinde, brauche ich mir bei *dieser* Einladung keine Gedanken zu machen. Es genügt, wenn ich mich mitbringe.

Ja, Sie haben richtig gehört! Nicht mehr und nicht weniger als mich, mit allem, was ich bin, mit meinen Sorgen und Ängsten, mit meinen Schmerzen und meinen Fehlern, mit meiner Freude und meinen Gaben. Das ist völlig ausreichend. Es ist sogar mehr als genug.

Als Gast bei Gott erfahre ich Wertschätzung. Ich bin erwünscht. Das verändert mich. Ich spüre, dass ich nach dem Besuch eine andere bin als vorher. Ich bin befreit von Schuld und Last, bin gestärkt für mein Leben, bin verbunden mit Gott und mit den Menschen neben mir.

Das, liebe Gemeinde, ist das Besondere beim Abendmahl. Martin Luther hat es ein Geheimnis, ein Mysterium genannt. Ich nenne es Gottes Gastfreundschaft, seine Zuwendung und seine Liebe zu mir, zu Ihnen. Lassen wir uns alle einladen von diesem besonderen, diesem einmaligen Gastgeber an seinen Tisch, zu seinem Mahl, zu Brot und Wein.

Und der Friede Gottes, der höher ist als all unsere Vernunft,
bewahre und stärke uns in Christus Jesus, unserm Herrn. Amen.

❭ **Lied: Das sollt ihr, Jesu Jünger nie vergessen (EG 221)**

> **Einleitende Worte zum Abendmahl**

> Wir feiern gemeinsam Abendmahl, das Mahl, das Jesus am Tag vor seinem Tod am Kreuz mit seinen Freunden gefeiert hat. Jesus hat es uns gegeben, damit wir Gemeinschaft mit ihm und untereinander haben. Und er verspricht uns immer, dann selbst da zu sein, wenn wir Brot teilen und Traubensaft trinken. Ihn wollen wir preisen mit dem Lobgesang, der niemals endet:

> **Sanctus …**

> **Einsetzungsworte (klassisch)**

> **Vaterunser**

> **Agnus Dei**

Austeilung, währenddessen Instrumentalmusik; zur Art der Austeilung vgl. die Ausführungen auf S. 85–87

> **Fürbitten**

> Gott, danke für die Stärkung und die Gemeinschaft, die wir in der Feier des Abendmahls erfahren haben. Lass uns das mitnehmen in unseren Alltag. Lass uns davon zehren und weitergeben. Besonders bitten wir für die Gemeinschaft hier bei uns im Haus. Lass sie gelingen! Und lass uns da, wo Konflikte unausweichlich sind, fair und sachlich miteinander umgehen. Guter Gott, sei und bleibe du mitten unter uns! Amen.

> **Segen**

> **Musik zum Ende**

> **Persönliche Verabschiedung**

7 Ist jetzt alles aus? – Gottesdienst am Karfreitag

An Karfreitag verstummen traditionell die Glocken; deshalb wird auf das Einspielen des Glockengeläutes verzichtet, genauso auch auf Blumenschmuck und Kerzen. Mit dem Organisten sollte ein getragenes Musikstück für den Beginn und das Ende des Gottesdienstes vereinbart werden. Auch auf die Abkündigungen wird bewusst verzichtet.

Dennoch soll der Gottesdienst schon einen Blick auf Ostern, auf das Licht der Auferstehung wagen. Das wird am Ende der Predigt mit dem Entzünden einer Kerze, die dann zum Kreuz auf den Altar gestellt wird, verdeutlicht.

❱ **Einleitende Worte nach Begrüßung und Introitus**

Auf dem Altar liegen heute nur Kreuz und Bibel. Keine Blumen, keine Kerzen, auch keine Glocken. Die Musik zu Beginn war traurig, dem Anlass entsprechend. Denn es ist Karfreitag. Wir erinnern uns in diesem Gottesdienst an Jesu Tod am Kreuz. Wir werden still und geben der Trauer Raum.

❱ **Lied: O Haupt voll Blut und Wunden (EG 85, 1)**

❱ **Psalmlesung: Psalm 22,2–6.12.20**

❱ **Gebet**

Gott, noch gestern schien die Welt in Ordnung, doch heute ist alles anders. Dein Tod ist unbegreiflich. Ich will einstimmen in den Ruf „Warum hast du mich, hast du uns, deine Menschen verlassen?" Gott, lass mich nicht untergehen in meinen Tränen. Tröste mich und hilf mir. Amen.

❱ **Bibeltext: Jesu Kreuzigung und Tod (Lk 23,32–46)**

> Glaubensbekenntnis

> Lied O Haupt voll Blut und Wunden (EG 85,2)

> Predigt:

Gnade sei mit euch und Friede von Gott, unserem Vater,
und dem Herrn Jesus Christus. Amen.

LIEBE GEMEINDE,

am liebsten möchte ich ihn ausblenden aus meinen Gedanken, diesen Karfreitag, diesen unseligen Tag, der nichts als Leid und Elend, Tränen und Tod mit sich bringt! Doch er lässt sich nicht ausblenden, noch nicht einmal in einer Zeit wie heute, in der viele Menschen dem Glauben wenig bis gar nichts mehr abgewinnen können. Der Karfreitag ist nach wie vor einer der stillen Tage im Jahr. Keine frischen Brötchen morgens, keine Sportveranstaltungen. Die Osterkirmes hat ihre Tore heute gar nicht erst geöffnet. Und sogar das Fernsehprogramm, zumindest das öffentlich-rechtliche, sendet eher Nachdenkliches und Ernstes.

Karfreitag – Jesus stirbt am Kreuz auf Golgatha in Jerusalem, wie ein Schwerverbrecher wird er behandelt. Dabei bestanden seine Verbrechen darin, dass er sich für die Schwachen und Kleinen einsetzte, dass er Gerechtigkeit für alle reklamierte, dass er jeden Menschen als Geschöpf Gottes respektierte, dass er nicht müde wurde, den Menschen von der Liebe Gottes zu erzählen.

Unfassbar! Wie viele andere gäbe es, die den Tod wirklich verdient hätten: Tyrannen und Terroristen, Kinderschänder und Vergewaltiger, Spekulanten und Betrüger. Ja, wenn es die treffen würde. Das würden wir sicher eher verstehen. Aber doch nicht Jesus, den Menschenfreund, das Gotteskind! Ja, nun ist endgültig alles aus. Nun hat der Tod, hat das Elend, hat die Ungerechtigkeit Oberwasser. Das Leben hat verloren, ein für allemal.

Auch Jesu Freundeskreis ist zutiefst verunsichert. Von Ferne schauen sie zu, was auf Golgatha geschieht. Den Mut nah bei

Jesus zu sein, ihn in seinen letzten Lebensstunden nicht allein zu lassen, haben sie nicht. Wer weiß, was die Soldaten mit ihnen anstellen würden? Vielleicht gleich daneben ans Kreuz nageln, so wie die beiden Verbrecher rechts und links von Jesus.

Da gibt es zu denken, was der Evangelist Lukas in seiner Erzählung von Jesu Kreuzigung berichtet. Lukas erzählt, dass der römische Hauptmann und einer der beiden Verbrecher neben Jesus etwas von dem Außergewöhnlichen des Todes Jesu spüren. Beide fassen es in Worte. Der eine, indem er Jesus um Fürsprache bei Gott bittet und der andere, indem er Jesus als „wahrhaft Gottes Sohn" bezeichnet.

Beide, der Soldat und der Verbrecher, ahnen etwas davon, dass mit diesem Tod am Kreuz nicht alles aus ist. Bei ihnen greift ein klein wenig des Osterlichtes schon um sich und erhellt für einen kurzen Moment das Dunkel des Todes.

Das, liebe Gemeinde, kann auch uns heute Hoffnung und Trost schenken. Ausblenden können wir ihn nicht, den Karfreitag, aber wir können ihn aushalten. Denn auch für uns bricht sich ein kleiner Strahl des Osterlichtes Bahn und zeigt auch uns einen Ausweg aus der Dunkelheit.

Eine Kerze anzünden und neben das Kreuz auf den Altar stellen

Und der Friede Gottes, der höher ist als all unsere Vernunft,
bewahre unsere Herzen und Sinne in Christus Jesus, unserm Herrn.
Amen.

❯ Lied: O Haupt voll Blut und Wunden (EG 85, 8–9)

Auf Bekanntmachungen wird bewusst verzichtet; sie werden im Gottesdienst an Ostern Raum finden.

❯ Fürbitten

Gott, dein Tod am Kreuz stellt uns und unseren Glauben in Frage. Lass uns dennoch bei dir bleiben und auch im Leid das Licht der

Hoffnung scheinen sehen. Wir denken heute besonders an all die Menschen, die bei uns und überall auf der Welt Schmerzen erdulden müssen, die ohne Hoffnung und allein sind. Sei du ihnen nahe und lass sie das spüren. Wir denken an die Kranken und Sterbenden hier bei uns und anderswo. Halte du sie in deinen gütigen Händen und geh auch das letzte Stück ihres Lebens mit ihnen. Sei du bei uns allen. Amen.

❭ Vater unser

❭ Segen

❭ Musik zum Ende

❭ Persönliche Verabschiedung

8 Glocken zu Ostern – Gottesdienst am Ostersonntag

Ein Gottesdienst zu Ostern sollte möglichst am Ostersonntag oder am Ostermontag stattfinden. Blickfang dieses Ostergottesdienstes ist ein großer Strauß Osterglocken auf dem Altar. Es sollten so viele sein, dass am Ende jeder Gottesdienstbesucher / jede Besucherin eine Osterglocke mit nach Hause nehmen kann. Damit die Osterglocken auch schön aufgeblüht sind, sollten sie schon zwei bis drei Tage vorher besorgt und bei Zimmertemperatur in eine Vase gestellt werden.

❯ Einleitende Worte nach Glockengeläut (CD) und Introitus

„O herrlicher Tag, o fröhliche Zeit, da Jesus lebt ohn' alles Leid! Er ist erstanden von dem Tod, wir sind erlöst aus aller Not! O herrlicher Tag, o fröhliche Zeit!" Das ist es, was wir, liebe Gemeinde, heute feiern. Wir feiern das Leben. Wir feiern den Sieg des Lebens über den Tod. Wir feiern die Auferstehung Jesu von den Toten. Wir feiern Ostern! Was für ein herrlicher Tag, welch eine fröhliche Zeit. Schön, dass Sie alle heute Morgen mit dabei sind!

❯ Lied: Wir wollen alle fröhlich sein (EG 100, 1–2.5)

❯ Psalmlesung: Psalm 118, 1.14–24

❯ Gebet

Gott, der Osterjubel erzählt vom Sieg des Lebens über den Tod. So ganz fassen können wir das nicht. Vorgestern noch war alles still und traurig. Der Tod Jesu am Kreuz schien übermächtig. Doch du hast dem Tod die Macht genommen. Das Leben bricht sich Bahn. Lass es auch bei uns ankommen. Amen.

❯ Bibeltext: Jesu Auferstehung (Lk 24,1–12)

› Glaubensbekenntnis

› Lied: Wach auf, mein Herz (EG 114,1.9)

› Predigt

Gnade sei mit euch und Friede von Gott, unserem Vater,
und dem Herrn Jesus Christus. Amen.

LIEBE GEMEINDE,

Ich sehe sie vor mir, die Frauen, wie sie unterwegs sind zu Jesu
Grab, früh am Morgen, am ersten Tag der Woche. Sie wollen das
Grab noch einmal aufsuchen, um ihrem Herrn einen letzten Dienst
zu erweisen. So, wie es ihre Tradition verlangt, wollen sie den Leichnam Jesu salben, wollen ihm noch einmal, ein allerletztes Mal etwas Gutes tun. Wohlriechende Öle haben sie bei sich. Viel geredet
werden sie nicht haben. Wahrscheinlich waren sie in ihre eigenen
Gedanken versunken, jede für sich. Betäubt, betroffen, betrübt.

Liebe Gemeinde, den Weg, den die Frauen gehen, kennen Sie
sicherlich aus eigenem Erleben. Den Weg zum Grab eines geliebten Menschen, um ihm, der Ihnen auf dieser Welt so viel bedeutet
hat, einen letzten Liebesdienst zu erweisen. Vielleicht haben Sie
einen Blumenstrauß mitgenommen, vielleicht einen Strauß seiner
Lieblingsblumen, vielleicht solch einen Strauß, wie er heute Morgen den Altar schmückt. Dem geliebten Menschen wieder nahe zu
sein, ihn zu spüren, sich seiner zu erinnern, das macht den Besuch
am Grab aus. Nicht umsonst heißt es, dass die Trauer einen Ort
braucht. Und der Friedhof, das Grab ist ein solcher Ort.

Auch die Frauen, die das Grab Jesu besuchen, brauchen diesen Ort der Trauer. Auch sie wollen ihrem geliebten Herrn nahe
sein, ganz nah. Wenn da nur nicht der Stein vor der Grabeshöhle
wäre! Wie sollen sie zu ihm hinkommen um den Leichnam mit
dem kostbaren Öl zu salben? – Wie kann es gelingen, den schwe-
ren Stein von der Grabeshöhle wegzubewegen? Sie selbst werden es
wohl nicht schaffen, den Stein zu bewegen. Am Grab angekommen

scheinen ihre Sorgen unbegründet. Der Stein ist weg. Der Zugang zum Grab ist offen. Ob sie wohl Angst hatten, was sie jetzt im Grab erwartet? – Vielleicht ist ihnen aber auch ein Stein vom Herzen gefallen. Sie sind erleichtert, können zu Jesus ins Grab, um ihn zu salben. Doch das Grab ist leer. Jesus ist nicht da. Statt seiner zwei Unbekannte, die diese ungeheuerlichen Worte sagen: „Was sucht ihr den Lebenden bei den Toten? Er ist nicht hier, er ist auferstanden." (Lk 24,5–6)

Was ich anstelle der Frauen getan hätte in dieser Situation? Ich glaube, ich wäre zutiefst erschrocken und verunsichert erst einmal davon gelaufen. Und die Frauen? Sie reagieren weder kopflos noch verstört. Sie erinnern sich an Jesu Worte, kehren zurück nach Hause und erzählen es weiter. Es scheint so, als würden sie ganz normal in ihren Alltag nach Hause zurück kehren. Der Stein, der ihr Herz belastet hat, ist und bleibt verschwunden. Sie gehen getröstet und voller Hoffnung zurück und erzählen es weiter.

„Was sucht ihr den Lebenden bei den Toten? Er ist nicht hier, er ist auferstanden." Er lebt! Und er ist mitten unter euch! Habt wache Sinne, dann werdet ihr es spüren! Die Dunkelheit des Karfreitags ist verschwunden. Hell strahlt das Licht des Ostermorgens, so hell und strahlend ist es wie das Gelb dieser Osterglocken.

Auf den Altarstrauß verweisen

Am Ende des Gottesdienstes erhalten Sie eine solche Osterglocke. Nehmen Sie sie mit in Ihr Zimmer, in Ihre Wohnung. Lassen Sie sich von dieser Blume daran erinnern, dass es seit Ostern hell ist in und um uns. Ostern ist der Hinweis Gottes, dass wir uns zwar aus diesem Leben verabschieden müssen, dass wir aber bei ihm, dem Auferstandenen, eine ewige Heimat haben.

Und der Friede Gottes, der höher ist als all unsere Vernunft,
bewahre unsere Herzen und Sinne in Christus Jesus, unserem Herrn.
Amen.

❭ Lied: Wir danken dir, Herr Jesu Christ (EG 107,1–3)

❭ Bekanntmachungen

❭ Fürbitten

Das Leben hat uns wieder, guter Gott. An Ostern spüren wir das ganz besonders. In der Natur, die wieder zum Leben erwacht, und an uns selbst. Lass uns das nicht vergessen, wenn wir wieder im Alltag sind. Wir beten für unsere Hausgemeinschaft hier, dass sie eine lebendige Gemeinschaft ist, die Freude und Leid gemeinsam trägt. Wir beten für die Mitarbeitenden, dass sie ihre Arbeit gern machen. Wir beten für all die Menschen, die uns besonders am Herzen liegen, für unsere Familienangehörigen und Freunde. Lass sie, lass uns alle etwas von der österlichen Lebensfreude mit nach Hause nehmen. Amen.

❭ Vater unser

❭ Segen

❭ Lied: Christ ist erstanden (EG 99)

❭ Musik

❭ Persönliche Verabschiedung und Verteilen der Osterglocken

9   Zum-Vater-Tag – Himmelfahrtsgottesdienst

❯ **Einleitende Worte nach Glockengeläut und Introitus**

„Aufgefahren in den Himmel; er sitzt zur Rechten Gottes …" – so beten wir es in jeden Gottesdienst im Glaubensbekenntnis. Und doch ist Christi Himmelfahrt ein eher sperriges Fest, mit dem viele wenig anfangen können. Dann schon eher mit dem *Vatertag*, zu dem Himmelfahrt umfunktioniert wurde. Ob es zwischen den beiden, dem Vatertag und der Himmelfahrt Jesu, eine Verbindung gibt? Darum soll es heute in unserem Gottesdienst gehen. Es ist schön, dass Sie alle da sind!

❯ **Lied: Die güldne Sonne (EG 449, 1–3)**

❯ **Psalmlesung: Psalm 47**

❯ **Gebet**

Wir feiern Gottesdienst und bitten darum, dass du da bist, jetzt, hier, bei uns. Lass uns im Singen, Beten und Hören deine Zuwendung spüren. Amen.

❯ **Bibeltext: Jesu Himmelfahrt (Lk 24,44–53)**

❯ **Glaubensbekenntnis**

❯ **Lied: Jesus Christus herrscht als König (EG 123, 1–2)**

❯ **Predigt**

Gnade sei mit euch und Friede von Gott, unserem Vater, und dem Herrn Jesus Christus. Amen.

War das früher auch schon so, dass Christi Himmelfahrt eher als Vatertag bekannt war?

Der Gemeinde Gelegenheit zur Antwort geben; Assoziationen zu beiden Begriffen nennen lassen; haben diese beiden Begriffe etwas miteinander zu tun?

Ich kann mich gar nicht mehr so genau erinnern, wie das in meiner Kindheit war. Aber ich weiß sehr wohl, dass in unserer Kirchengemeinde damals in den 70er Jahren am Himmelfahrtstag ganz bewusst als Alternative zum Vatertag ein Familienfest gefeiert wurde.

Im Lexikon ist nachzulesen, dass die Sitte des Vatertags schon Ende des 19. Jahrhunderts in Berlin entstanden ist, zumindest was Deutschland betrifft. Heute ist dieser „Vatertag" meist geprägt durch Gruppen junger oder auch älterer Männer, die mit dem Bollerwagen losziehen … Laut Polizeistatistik ereignen sich an Himmelfahrt dreimal so viele alkoholbedingte Unfälle wie sonst. Ob all diese umherziehenden Männer wirklich Väter sind, spielt dabei gar keine Rolle.

Christi Himmelfahrt und Vatertag – weiter entfernt voneinander können die Inhalte doch wohl nicht sein als bei diesen beiden Begriffen. Und doch komme ich von der Formulierung „Vatertag" nicht los.

Hat dieser Tag Christi Himmelfahrt nicht vielleicht doch etwas mit dem Vater zu tun? Schließlich haben wir das vorhin im Glaubensbekenntnis so gebetet: „…aufgefahren in den Himmel; er sitzt zur Rechten Gottes, des allmächtigen Vaters …"

Damit sind nun sicherlich nicht all die irdischen Väter gemeint, die an Christi Himmelfahrt unterwegs sind. Mit diesem Vater ist Gott gemeint. Zu ihm kehrt Jesus zurück. Und so ist Christi Himmelfahrt vielleicht doch ganz zutreffend als Vatertag zu bezeichnen, oder eher als „Zum-Vater-Tag".

Jesus kehrt zum Vater zurück. Damit wird deutlich, dass beide eins sind. Gott wurde Mensch, ging durch die Tiefen des menschlichen Lebens, auch durch den Tod. Und ist doch nicht im menschlichen Leben aufgegangen. Und auch ich kehre irgendwann am Ende meines irdischen Lebens zu Gott zurück, zu dem ich mich heute schon hinwenden kann.

Seit und mit Jesus darf ich Gott Vater nennen. „Papa, so könnt ihr mit Gott reden!", hat Jesus einmal gesagt. Das zeugt von einer großen Vertrautheit, von Nähe, von Geborgenheit. Solch einen Vater, der mir nahe ist, wünsche ich mir, einen, der zuhört, der immer für mich da ist, der mich liebt so, wie ich bin. Irdische Väter tun das auch, manche mehr, manche weniger. Und doch sind sie Menschen mit Grenzen und Schwächen, mit Unzulänglichkeiten und Fehlern. Mit seinem irdischen Vater hat und hatte so mancheiner auch Probleme. Enttäuschungen, das Gefühl nicht ernst genommen zu werden, so sein zu müssen, wie es der Vater erwartete. Vater-Kind-Verhältnisse sind nicht nur gut, manchmal auch schwierig und kompliziert.

Bei Gott, dem Vater, ist das anders. Gott kennt keine Grenzen. Seine Liebe und Zuwendung für mich gilt immer. Er lässt mich nicht fallen. Zu ihm kann ich in jeder Lebenslage kommen. In seiner Hand kann ich mich immer geborgen fühlen. Er nimmt mich so, wie ich bin. Zu diesem Vater will ich gern gehören! In diesem Sinn wünsche ich Ihnen einen guten „Zum-Vater-Tag".

Und der Friede Gottes, der höher ist als all unsere Vernunft,
bewahre unsere Herzen und Sinne in Christus Jesus, unserem Herrn.
Amen.

⟩ Lied: Jesus Christus herrscht als König (EG 123, 3–4)

⟩ Bekanntmachungen

⟩ Fürbitten

Gott, du willst unser Vater sein, so hat es Jesus uns angeboten. Du bist ein Vater, der sich sehr um seine Kinder sorgt, der will, dass sie ein erfülltes und gelingendes Leben haben. Du bist ein Vater, der in allen Lebenssituationen begleitet, auch dann, wenn wir alt geworden sind. „Ich will euch tragen, bis ihr alt und grau geworden seid, und ich will gnädig zu euch sein!" Besser kann es uns nicht ergehen. Lass uns in dieser Gewissheit leben. Lass uns zu dir, Vater, gehören. Alle, die … (s. Bekanntmachungen), lass das auch spüren. Sei du ihnen ganz besonders nah. Amen.

❭ Vater unser

❭ Segen

❭ Musik zum Ende

❭ Persönliche Verabschiedung

10 Für Sie regnet's heut rote Rosen! – Pfingstgottesdienst mit Begrüßung der neuen Mitarbeitenden des letzten halben Jahres

Da jeder der neuen Mitarbeitenden nach dem Segenszuspruch eine rote Rose erhalten soll, ist es nötig, im Vorfeld entsprechend viele Rosen zu besorgen. Sie stehen zunächst als Blumenschmuck in einer großen Vase auf dem Altar.

❯ **Einleitende Worte nach Musik und Introitus**

Wir feiern Pfingsten, das Fest, das vom Kommen des Heiligen Geistes in die Welt handelt. Oft ist dann von den Geistesgaben die Rede. Da passt es gut, dass wir in diesem Gottesdienst ... Mitarbeiterinnen und Mitarbeiter, die in den letzten ... Monaten neu hier im Haus angefangen haben, mit all ihren unterschiedlichen Gaben und Fähigkeiten begrüßen. Für Sie alle wollen wir beten. Sie sollen Gottes Segen für Ihre Arbeit erfahren. Es ist schön, dass Sie alle da sind.

❯ **Lied: Nun bitten wir den Heiligen Geist (EG 124, 1–2)**

❯ **Psalmlesung: Psalm 118,25–29**

❯ **Gebet**

Gott, seit dem ersten Pfingsten damals in Jerusalem ist dein Heiliger Geist mitten unter uns. Manchmal spüren wir das, oft genug nicht. Lass uns sensibel dafür sein, wo und wie wir deinen Geist erleben können. Wache Sinne brauchen wir und gegenseitige Unterstützung. Darum bitten wir dich. Amen.

❯ **Bibeltext: Das Pfingstwunder (Apg 2, 1–13)**

❯ **Glaubensbekenntnis**

❯ **Predigt**

Gnade sei mit euch und Friede von Gott, unserem Vater,
und dem Herrn Jesus Christus. Amen.

LIEBE GEMEINDE,

Pfingsten, Weihnachten und Ostern sind die drei großen Feste im
Kirchenjahr. Sie sind die Höhepunkte, nach ihnen wird das gesamte Kirchenjahr gegliedert. Zu Weihnachten und Ostern gibt
es eine ganze Reihe von Bräuchen, manche haben mehr, manche
weniger mit der Botschaft des Festes zu tun. Und doch sind diese
Bräuche wichtig, denn sie machen das Fest greifbar, erfahrbar. Bei
Pfingsten sieht das anders aus. Da gibt es wenige Bräuche, die allgemein bekannt sind und gepflegt werden.

Im Internet habe ich von einem Brauch in Italien gelesen, der mir
sehr gut gefallen hat. Da werden in manchen Orten in den Kirchen
von der Empore rote Rosen geworfen. Sie sollen das Herabkommen
der Feuerzungen versinnbildlichen, von dem in der Bibel erzählt
wird. Diese Feuerzungen in der Bibel wiederum stehen für Gottes
Heiligen Geist, der die Menschen ergreift und der sie verändert.

Von Gottes Geist beseelte Menschen können Dinge, die sie vorher nicht für möglich gehalten hätten. Sie verstehen einander. Und
sie sind dazu in der Lage, sich zu verständigen. Sie können ihre von
Gott geschenkten Gaben einsetzen, zu ihrem eigenen Wohl und
zum Wohl anderer. Von Gottes Geist beseelte Menschen erzählen
mit ihrem Handeln und mit ihren Worten von der Liebe Gottes zu
den Menschen.

Sie, liebe Mitarbeiterinnen und Mitarbeiter, sind solche von Gott
beseelte Menschen. Sie haben Ihre Arbeit hier bei uns im Haus vor
noch nicht allzu langer Zeit begonnen. Für manche von Ihnen ist
es ein neues Arbeitsfeld, andere bringen bereits Erfahrungen mit.
Alle verfügen Sie über eine gewisse Lebenserfahrung. Und alle
haben Sie es bei Ihrer Arbeit mit Menschen zu tun.

Da kommt es auf gegenseitiges Verstehen an, auf die Gabe, sich auf die Bewohnerinnen und Bewohner einlassen zu können, ihre Ängste und Fragen ernst zu nehmen, ihre Sorgen und Freuden zu teilen. Genauso wichtig ist es, eine gewisse professionelle Distanz zu wahren, denn nicht nur anderen gilt es, Gutes zu tun. Auch sich selber dürfen Sie dabei nicht vergessen. Sie verrichten eine wichtige, eine schöne und auch anstrengende Arbeit. Gerade in Zeiten, wo an allen Ecken und Enden gespart werden soll, ist es wichtig, dass Sie Ihrer Arbeit ein menschliches Gesicht geben.

Sie haben alle ganz viele unterschiedliche Gaben und Fähigkeiten. Sie können sich ergänzen, können als Team miteinander viel mehr erreichen als einer oder eine allein. Gott stärkt Sie mit seinem guten Geist. Gott lässt Sie Atem holen und Kraft schöpfen, damit Sie eine gute Arbeit zum Wohl der Ihnen anvertrauten Menschen leisten können.

Was man in Italien mit den roten Rosen macht, die von der Kirchenempore herunter auf die Gläubigen geworfen werden, habe ich nirgends gefunden. Die Menschen werden sie wohl mit nach Hause nehmen, um so ein kleines sichtbares Stück vom Geist Gottes vor Augen zu haben.

Auch Sie, liebe Mitarbeiterinnen und Mitarbeiter, bekommen gleich eine rote Rose geschenkt. Die soll Sie daran erinnern, dass Sie in Ihrer Arbeit nicht allein sind. Sie haben all Ihre Kolleginnen und Kollegen und Sie haben die Gewissheit, dass Gott Sie mit seinem Heiligen Geist begleitet.

Und der Friede Gottes, der höher ist als all unsere Vernunft,
bewahre unsere Herzen und Sinne in Christus Jesus, unserem Herrn.
Amen.

Die Rosen werden bei der Einsegnung verteilt, die gleich nach dem nächsten Lied erfolgt.

❭ **Lied: Gelobet sei der Herr (EG 139,1–4)**

❭ Segenszuspruch für die neuen Mitarbeitenden

Die neuen Mitarbeitenden werden namentlich zum Altar gebeten und in der Gruppe mit Handauflegung und einem Segenswort gesegnet. Anschließend erhält jede und jeder eine rote Rose.

❭ Fürbitten

> Gott, wir bitten um deinen Heiligen Geist heute ganz besonders für die neuen Mitarbeiterinnen und Mitarbeiter unseres Hauses. Segne die vielen verschiedenen Gaben, die sie besitzen. Lass sie mit Enttäuschungen und Trauer gut umgehen. Schenke ihnen Fantasie in ihrer Arbeit. Und lass sie immer wieder zur Ruhe kommen und neue Energie gewinnen. Wir legen dir eine jede und einen jeden von ihnen ganz besonders an Herz. Lass sie, lass uns alle von deinem Geist beseelte Menschen sein. Amen.

❭ Vater unser

❭ Segen

❭ Musik zum Ende

❭ Persönliche Verabschiedung

11 Umweltschutz fängt vor der eigenen Tür an! – Gottesdienst zum Erntedankfest

) **Einleitende Worte nach Glockengeläut (CD) und Introitus**

Herzlich Willkommen zum Gottesdienst am Erntedanktag. Es ist eine lieb gewordene Tradition, dass wir Anfang Oktober das Erntedankfest feiern. Viele sagen, wir modernen Leute hätten dazu gar keine richtige Beziehung mehr. Denn wer hat schon noch einen Nutzgarten oder arbeitet in der Landwirtschaft? Und doch ist es auch im 21. Jahrhundert gut, sich an unsere Abhängigkeit von der Natur zu erinnern.

) **Lied: Liebster Jesu, wir sind hier (EG 161,1–3)**

) **Psalmlesung: Psalm 104, 1.2.5.13–15**

) **Gebet**

Gott, du Schöpfer von allem, was lebt. Lass uns heute einen ganz besonders klaren Blick für unsere gute Mutter Erde und all ihre Geschöpfe haben. Im Staunen darüber lass uns erkennen, dass auch wir ein Teil davon sind. Schärfe unsere Sinne für dein Wort. Amen.

) **Bibeltext: Schöpfung (1 Mose 1,1 bis 2,4a)**

Da dieser Text sehr lang ist, empfehle ich ihn zu kürzen und frei zu erzählen; evtl. kann der Prediger / die Predigerin ihn gemeinsam mit der Gottesdienstgemeinde „erzählen". Wichtig dabei ist, dass der Satz „Und Gott sah an alles, was er gemacht hatte, und siehe, es war sehr gut" in der Erzählung vorkommt, denn er bildet die Grundlage der Predigt.

) **Glaubensbekenntnis**

> Lied: Wir pflügen und wir streuen (EG 508, 1–2)

> Predigt

Gnade sei mit euch und Friede von Gott, unserem Vater,
und dem Herrn Jesus Christus. Amen.

LIEBE GEMEINDE!

„Und Gott sah an alles, was er gemacht hatte, und siehe, es war sehr gut!" – So endet die Erzählung von der Erschaffung der Welt. So endet sie und gleichzeitig ist das auch der Höhepunkt. Jetzt ist alles fertig, alles so, wie es sein soll, sinnvoll aufeinander bezogen und wunderbar, eben „sehr gut"!

Als meine Kinder klein waren, da habe ich oft mit ihnen über diese wunderbare Natur gestaunt. Über ein Spinnennetz etwa, in dem die morgendlichen Tautropfen glitzerten wie Perlen. Oder über einen Regenbogen am Himmel, der meist nach einem Gewitter Farbe an den grauen Himmel zauberte. Oder über die vielen kleinen Schätze, die man bei einem Spaziergang am Strand entdecken kann, wenn man nur aufmerksam genug war und genau hinschaute.

Dann gab es in meinem Leben eine Zeit, wo ich viel zu beschäftigt und gestresst war um das alles wahrzunehmen. Und jetzt merke ich, dass ich, seit meine Kinder ihre eigenen Wege gehen und ich nicht mehr ganz so viel beschäftigt bin, wieder mehr einen Blick für die Schönheiten der Natur bekomme.

Dabei hat sie's doch immer verdient, beachtet und gehegt zu werden, die Natur! Nicht nur dann, wenn mir grad mal danach ist oder wenn ich nichts Besseres zu tun habe. Denn ich bin ein Teil von ihr. Und wenn ich die Natur schlecht behandele, dann tue ich mir selber damit letztlich keinen Gefallen. Vielleicht spüre ich die Folgen davon nicht direkt, aber irgendwann werde ich oder werden spätestens meine Kinder merken, was es heißt, die Natur zu vernachlässigen.

Hin und wieder lässt mich die Natur aufhorchen, etwa dann, wenn es eine heftige Überschwemmung gibt, von der in den Nachrichten berichtet wird oder wenn ein Vulkanausbruch nicht nur die Menschen in seiner unmittelbaren Umgebung bedroht, sondern der Flugverkehr in weiten Teilen Europas zum Erliegen kommt.

An der Stelle aktuelle Beispiele einfügen

Spätestens dann kommt uns die Gefährdung der Erde durch den Menschen wieder in den Sinn und der Wunsch, dem unnatürlichen Treiben ein Ende zu setzen, wird dringlich. Einiges wird ja schon getan, auch hier im Haus. Und vieles kann noch getan werden.

Es folgen einige Beispiele von ökologischen Maßnahmen innerhalb der Einrichtung, z. B. Energiegewinnung durch erneuerbare Energien, saisonale und regionale Lebensmittel, Kaffee und Tee aus fairem Handel, Energiesparlampen …

Liebe Gemeinde: „Und Gott sah an alles, was er gemacht hatte, und siehe, es war sehr gut!" Ja, das ist wahr. Ob es so bleibt oder wieder so wird, das liegt an uns, an den Menschen, die Gott zu seinem Ebenbild geschaffen hat. Offene Augen und Ohren, zupackende Hände und mahnende Worte brauchen wir dazu. Dazu gebe uns Gott seine Unterstützung!

Und der Friede Gottes, der höher ist als all unsere Vernunft,
bewahre unsere Herzen und Sinne in Christus Jesus, unserm Herrn.
Amen.

❯ **Lied: Wir pflügen und wir streuen (EG 508, 4)**

❯ **Bekanntmachungen**

❯ **Fürbitten**

Gott, es ist viel zu wenig, nur einmal im Jahr an deine Schöpfung zu denken. Was haben wir in unserer Gedankenlosigkeit nicht schon alles mit ihr angestellt!? Lass uns in den Bemühungen um deine

Welt nicht müde werden. Auch hier im Haus können wir dazu beitragen. Gib den Verantwortlichen Fantasie dazu und lass uns alle immer wieder neu das Wunder der Erde sehen. Wir legen dir nun besonders die ans Herz, die (s. Bekanntmachungen) …

> Vater unser

> Segen

> Musik zum Ende

> Persönliche Verabschiedung

12   Von starken Typen –
Gottesdienst zum Reformationstag

Ausgangspunkt dieser Predigt ist ein Lutherbild, das entweder als gerahmtes Bild mitgebracht wird oder aber per Beamer an die Leinwand projiziert wird. Bei der Auswahl des Bildes sollte darauf geachtet werden, dass Luther in seiner kraftvollen, stabilen Statur gut zu erkennen ist. Da in der Regel auch Katholiken an Altenheim-Gottesdiensten teilnehmen, wird bewusst nicht auf die Streitpunkte Luthers mit der römisch-katholischen Kirche eingegangen. Vielmehr soll es in der Predigt um die Erkenntnis Luthers gehen, dass Gott ein gnädiger Gott ist.

❭ Einleitende Worte nach Musik und Introitus

Heute ist der 31. Oktober, der Reformationstag. Wir erinnern uns an diesem Tag an die Anfänge der evangelischen Kirche, an Martin Luther und all die anderen Reformatoren und an ihre bleibende Bedeutung bis heute. Es liegt auf der Hand, dass wir in diesem Gottesdienst Lieder von Martin Luther singen und Texte hören, die für ihn eine besondere Bedeutung hatten. Es ist schön, dass Sie alle da sind.

❭ Lied: Ein feste Burg ist unser Gott (EG 362, 1–3)

❭ Psalmlesung: Psalm 46

Hier empfehle ich die Übertragung dieses Psalms durch Peter Spangenberg (in: ders., Höre meine Stimme. Die 150 Psalmen der Bibel übertragen in die Sprache unserer Zeit, Hamburg 1995, S. 59).

❭ Gebet

Gott, wie gern möchte auch ich in dir die feste, stabile Burg sehen, in der ich Zuflucht finden kann, die mir Geborgenheit und Sicherheit gibt. Bisweilen gelingt mir das nicht. Dann habe ich den Eindruck, dass alles um mich herum schwankt. Gott, gib mir in solchen Situationen die nötige Standfestigkeit und das nötige Vertrauen in dich. Amen.

❭ **Bibeltext: Der Gerechte wird aus Glauben leben (Röm 1,16–17)**

❭ **mit kurzer Einleitung**

Im Brief an die Gemeinde in Rom beschreibt Paulus gleich zu Anfang, was ihn dazu bringt, an den unterschiedlichsten Orten die frohe Botschaft Gottes weiterzusagen. Und so betont er: …

❭ **Glaubensbekenntnis**

❭ **Lied: Ach, bleib mit deiner Gnade (EG 347, 1–3)**

❭ **Predigt**

Gnade sei mit euch und Friede von Gott, unserem Vater, und dem Herrn Jesus Christus. Amen.

Luther-Porträt zeigen

LIEBE GEMEINDE,

Kennen Sie diesen Herrn?

Der Gemeinde Gelegenheit zum Antworten geben. Sicher wird der Name Martin Luther genannt werden. Und sehr wahrscheinlich werden auch weitere Fakten der Reformationsgeschichte erzählt (z. B. hat die Bibel übersetzt; war auf der Wartburg; hat die evangelische Kirche gegründet; war Mönch; Thesenanschlag …). Wichtig ist dies zuzulassen, aber nicht ausufern zu lassen. Eher das Gespräch auf Luthers Aussehen, auf seine Statur lenken. Wie wirkt er auf Sie? Wie sieht er aus (stabil, kräftig, in sich ruhend, mit sich und seinem Gott im Reinen …).

Vieles (einiges, das ein oder andere …) haben Sie gerade zu Martin Luther erzählt. Er ist ein bedeutender Mann gewesen, in seiner Zeit und darüber hinaus. So bedeutend ist er, dass wir uns heute, fast 500 Jahre nach ihm, immer noch an ihn erinnern.

Wenn ich ihn so anschaue, wie er da auf dem Bild porträtiert wurde, dann stelle ich fest, dass er ein sehr gefestigter Mann gewesen zu sein scheint. Einer, der mit beiden Beinen fest auf dem Boden der Tatsachen steht, den nichts so leicht umhaut, der auch mal kräftig losschimpfen kann und deutlich sagt, was er denkt. Kein Schwächling, sondern – salopp formuliert: ein starker Typ!

Da wundert es mich doch sehr, dass ich einen ganz anderen Eindruck von ihm bekomme, wenn ich von seinen Glaubensängsten und seinen Glaubenszweifeln höre und lese. Dieser stabile Mann war voller Fragen, voller Sorgen darüber, wie er vor Gott bestehen kann. Er, der im Kloster als Mönch lebte, der Theologie studiert hatte und Doktor und Professor der Theologie war, der also ein absoluter Fachmann in Sachen Glauben zu sein schien, war in Wirklichkeit alles andere als fest, sicher und stabil.

Er hatte Angst vor seinen Schwächen, vor seinen Fehlern und davor, dass Gott ihn nicht annimmt, dass Gott sagt: „Mit solch einem will ich nichts zu tun haben!" Luther sorgt sich um sein Seelenheil, so sehr, dass er an manchen Tagen mehrfach zur Beichte geht, weil er der Überzeugung ist, nur so eine kleine Chance auf Rettung zu haben. Sein Beichtvater ist angesichts dieser Entwicklung zunehmend besorgt. Und doch lässt Luther sich nicht von ihm belehren.

Erst das eigene intensive Lesen und Bedenken der Bibel bringt ihn weiter und löst sein Problem. Vor allem die Aussage von Paulus aus dem Römerbrief, die Sie eben als Lesung gehört haben, verändert seine Sicht völlig. Denn plötzlich versteht Luther, dass Gott kein Richter ist in dem Sinn, dass er die Menschen aburteilt. Gott ist gerecht und will und garantiert Gerechtigkeit. Den Menschen aber liebt er. Ohne Wenn und Aber. Wenn ich das glaube, kann ich leben. Dann kann ich in meinem Leben immer wieder neu anfangen. Dann muss ich die Fehler der Vergangenheit nicht mit mir herumschleppen.

Diese Erkenntnis hat Luthers Leben verändert. Und sie kann auch mein Leben und Ihr Leben verändern. Mit diesem Glauben im Herzen lässt es sich leichter leben. Denn ich zerbreche nicht an meinen Unzulänglichkeiten, sondern ich kann sie ändern oder, wenn sie nicht zu ändern sind, annehmen. Das setzt Energien und Kräfte frei. Das macht stark und fest. Mit diesem Glauben sind wir alle „starke Typen", genau wie Martin Luther.

Und der Friede Gottes, der höher ist als all unsere Vernunft,
bewahre unsere Herzen und Sinne in Christus Jesus, unserm Herrn.
Amen.

❭ **Lied: Großer Gott, wir loben dich (EG 331, 1–3)**

❭ **Bekanntmachungen**

❭ **Fürbitten**

Guter Gott, heute, am Reformationstag, bitten wir für uns, für unseren Glauben, der oft klein und schwach zu sein scheint. Allzu oft sind wir von Zweifeln geplagt, können unserem Glauben so gar nichts Positives abgewinnen. Gott, gib du uns Kraft, den Glauben als Geschenk immer wieder neu zu entdecken. Lass uns begreifen, was es heißt, dass du barmherzig und gnädig bist, geduldig und von großer Güte.

Wir denken vor dir besonders an die, die … (Geburtstage, Kranke, Neue, Verstorbene). Auch die Mitarbeitenden schließen wir in unser Gebet ein. Sie brauchen in ihrer jeweiligen Situation besonders viel Kraft und besonders festen Boden unter den Füßen.

❭ **Vater unser**

❭ **Segen**

❭ **Musik zum Ende**

❭ **Persönliche Verabschiedung**

13 Veränderung ist keine Frage des Alters! – Gottesdienst am Buß- und Bettag

❭ Einleitende Worte nach Glockengeläut und Introitus

Heute ist Buß- und Bettag. Auch wenn dieser Tag seit Jahren kein gesetzlicher Feiertag mehr ist, so ist das, was er beinhaltet, deshalb nicht passé. Buße tun, das bedeutet: innehalten, nachdenken darüber, was schief läuft im Leben und dann die Richtung ändern. Wie kann das gelingen? Darüber möchte ich mit Ihnen nachdenken.

❭ Lied: Wachet auf, ruft uns die Stimme (EG 147,1–3)

❭ Psalmlesung: Psalm 130

❭ Gebet

Innehalten, zur Ruhe kommen, nachdenken über das, was war und wie manches anders werden kann, das wollen wir heute Morgen tun. Guter Gott, lass uns offen sein für neue Gedanken. Sei bei uns mit deinem guten Geist. Amen.

❭ Bibeltext: Wiederholung von Psalm 130

Diesmal in der Übertragung von Peter Spangenberg; sie liegt der Predigt zu Grunde (Peter Spangenberg, Höre meine Stimme. Die 150 Psalmen der Bibel übertragen in die Sprache unserer Zeit, S. 149)

❭ Glaubensbekenntnis

❭ Lied: Wohl denen, die da wandeln (EG 295, 1.2)

❭ Predigt

Gnade sei mit euch und Friede von Gott, unserem Vater,
und dem Herrn Jesus Christus. Amen.

es tut nicht gut, wenn ich den Eindruck habe, ich hätte keinen Boden unter den Füßen. Ganz real nicht und auch nicht im übertragenen Sinn. Bei Glatteis, wie es zu dieser Jahreszeit ja doch schon einmal vorkommen kann, spüre ich das ganz hautnah, was es bedeutet
keinen Boden mehr unter den Füßen zu haben. Ich komme ins Rutschen, kann mich nicht mehr halten und lande, wenn es gut geht,
ohne größere Blessuren auf dem Hinterteil. Wenn es schlecht läuft,
dann habe ich längere Zeit mit den Folgen meines Sturzes, mit den
Folgen des verlorenen Bodens unter meinen Füßen zu kämpfen.

Ein fester Boden gehört zu meinen Füßen dazu. Nur so habe ich
Halt. Nur so kann ich mich sicher vorwärts bewegen. Nur so bin ich
stabil und belastbar. Nicht nur ganz real und handfest, sondern auch
im übertragenen Sinn ist das so. Ereignisse in meinem Leben, die
mir den Boden unter den Füßen wegziehen, gibt es immer wieder.
Eine Erkrankung, der Tod eines nahen Menschen, das Gefühl, nicht
mehr gebraucht zu werden, nicht mehr viel leisten zu können, – alles das sind Erfahrungen, die mich unsicher und schwankend
sein lassen, die mich schwächen, die mir meinen Halt nehmen.

Auch eigene Verhaltensmuster gehören dazu, liebe Gemeinde.
Denn auch sie lassen den Boden unter meinen Füßen instabil
werden. Eigentlich weiß ich ja, was ich da ändern sollte. Eigentlich weiß ich ja, dass ich mit Geduld und Zuwendung viel weiter
komme als mit Ungeduld und Abkehr. Eigentlich weiß ich, dass ich
freundlicher zu Herrn M. sein sollte. Aber der geht mir nun einmal auf die Nerven. Und ich weiß auch, dass ich Frau B. trotz ihrer
ewigen Besserwisserei respektieren sollte. Aber ich tue es nicht. Ich
bin in meinem eigenen Sein gefangen, dass ich nicht ohne Weiteres heraus kann.

Eigentlich weiß ich ja, dass ich bestimmte Dinge einfach annehmen muss als Teil meines Lebens, etwa das Alter oder die Tat-
sache, dass ich verstärkt Abschied nehmen muss von Menschen,

die mir vertraut sind, und von Fähigkeiten. Und doch kämpfe ich immer wieder dagegen an, will es nicht wahrhaben. Ich kämpfe gegen Windmühlen und weiß in meinem Herzen, dass es nichts bringt. Aber es ändern, kann ich nicht.

„Ich setze meine Hoffnung auf dich", sagt der, der den 130. Psalm betet. „Denn du, Gott, wirst sagen: Komm her! Es ist gut!" In der Tat, liebe Gemeinde, das ist die Hoffnung, auf die ich setzen kann. Im Gebet kann ich Gott all das anvertrauen. Ich kann Gott darum bitten, den Boden unter meinen Füßen wieder zu festigen. Ich kann Gott darum bitten, mir die Weisheit ins Herz und in den Kopf zu pflanzen, die ich brauche, um an mir etwas ändern zu können. Ich kann ihn um Geduld mit mir selber bitten und um Kraft und Energie, es auch wirklich zu tun.

Ich kann für mich und für Herrn M. und Frau B. beten. Ein kluger Theologe hat einmal gesagt: „Den Menschen, für den ich bete, sehe ich hinterher mit anderen Augen." So kann mich das Gebet lehren, tatsächlich freundlicher zu Herrn M. zu sein und Frau B. wirklich zu respektieren. Das ist es, was wir heute am Buß- und Bettag mitnehmen können: erkennen, wo ich bei mir etwas ändern kann, und Gott um Hilfe bitten, es auch wirklich umzusetzen. Das ist keine Frage des Alters. Das kann ich immer tun. Mit Gottes Hilfe mag es gelingen. Das wünsche ich Ihnen.

Und der Friede Gottes, der höher ist als all unsere Vernunft,
bewahre unsere Herzen und Sinne in Christus Jesus, unserem Herrn.
Amen.

❯ **Lied: Wohl denen, die da wandeln (EG 295, 3.4)**

❯ **Bekanntmachungen**

❯ **Fürbitten**

Um Veränderung bitte ich dich, guter Gott. Nicht, dass sich um mich herum etwas verändert, nein, ich will mich verändern. Ich will von Haltungen und Einstellungen Abschied nehmen, die mich oft mein Leben lang begleiten. Das fällt mir schwer. Allein kann ich das nicht. Nur wenn du mich dabei begleitest, wenn du mir festen Boden unter die Füße gibst, habe ich Aussicht auf Erfolg. Darum bitte ich dich. Sei du bei mir und bei uns allen. Stärke unser Zusammenleben hier im Haus. Behüte alle, die Sorgen haben und vielleicht nicht weiter wissen. Und freu dich mit denen, die Grund zur Freude haben. Amen.

❱ Vater unser

❱ Segen

❱ Musik zum Ende

❱ Persönliche Verabschiedung

14 Von der Wiege bis zur Bahre … und darüber hinaus – Gottesdienst am Ewigkeitssonntag mit Totengedenken

Zu diesem besonderen Gottesdienst werden die Angehörigen aller im Verlauf des vergangenen Kirchenjahres verstorbenen Bewohnerinnen und Bewohner von der Altenheimverwaltung schriftlich eingeladen.

❭ Einleitende Worte

Wir feiern Gottesdienst am Ewigkeitssonntag. Wir erinnern uns an die Menschen aus unserem Haus, die im zu Ende gehenden Kirchenjahr verstorben sind. Erinnerung ist wichtig. Sie weckt Dankbarkeit und Freude über das gelebte Leben. Sie weckt aber auch Traurigkeit und das Gefühl von Leere. Es ist gut, sich mit anderen gemeinsam zu erinnern. Denn gemeinsam sind Dankbarkeit und Freude intensiver und gemeinsam sind Trauer und Leere leichter auszuhalten. Gott segne unser Zusammensein.

❭ Lied: Befiehl du deine Wege (EG 361,1)

❭ Psalmlesung: Psalm 139, 1–12

❭ Gebet

Guter Gott, mit ganz gemischten Gefühlen sind wir heute zum Gottesdienst gekommen. Wir erinnern uns an unsere Verstorbenen. Das wühlt uns auf, denn es erinnert uns auch an unsere eigene Sterblichkeit. Schenke uns Ruhe und wache Sinne, damit wir uns auf dich und aufeinander einlassen können. Amen.

❭ Bibeltext: Wer kann wider uns sein? (Röm 8,31–39)

❯ Glaubensbekenntnis

❯ Lied: So nimm denn meine Hände EG 376, 1–3

❯ Predigt

Gnade sei mit euch und Friede von Gott, unserem Vater,
und dem Herrn Jesus Christus. Amen.

LIEBE GEMEINDE,

Vor kurzem bin ich in Meißen gewesen. Sie wissen schon, die
Stadt, aus der das weltberühmte Meißner Porzellan stammt.
Doch Meißen hat noch mehr zu bieten als sein Porzellan. Mir
hat es der Meißner Dom angetan. Staunend stehe ich vor diesem altehrwürdigen Gemäuer, mit dessen Bau Mitte des 13. Jahrhunderts begonnen wurde. Faszinierend, was die Bauleute von
damals ohne die technischen Mittel von heute fertig gebracht
haben!

Mehr noch als die Fassade beeindruckt mich das Innere dieser
Kirche. In schlichter Schönheit empfängt sie mich mit Orgelmusik.
Der Kantor trifft anscheinend letzte Vorbereitungen für eine kurz
bevorstehende Trauung.

Hinten links die Möglichkeit Kerzen zu entzünden, für ganz in-
dividuelle Wünsche und Anliegen. Ungewöhnlich für eine evangelische Kirche – aber wohltuend für mich und schön!

Viele Ecken und Nischen verleihen dem Gebäude etwas Ge-
heimnisvolles. In einem Seitengang und der großen Sakristei ent-
decke ich Ausstellungsstücke einer zeitgenössischen norwegischen
Künstlerin. Es sind liturgische Gewänder, wie sie in Norwegen von
evangelischen Pastoren getragen werden, in den Farben des Kirchenjahres und mit geometrischen Formen bestickt.

Und es sind Leichentücher, ebenfalls aus Norwegen. Der Begriff
verwundert mich zutiefst. Denn unter einem Leichentuch stelle ich
mir etwas völlig anderes vor als das, was ich da vor mir sehe. Ich
sehe farbintensive, kunstvoll gewirkte und mit vielen unterschied-

lichen Mustern versehene Stoffbahnen, die eher an südländische Lebensfreude als an Trauer und Tod erinnern.

Auf Nachfrage erfahre ich über die Bedeutung dieser Tücher Folgendes: Ein solches Tuch begleitet den norwegischen Christen von der Geburt bis zum Tod. Es ist sein individuelles Tuch. Es dient als Taufkleid und als Sterbehemd und hat auch bei den unterschiedlichen Lebensabschnitten dazwischen seinen festen Platz.

Sicherlich sind nicht alle Leichentücher so kunstvoll und herrlich wie die im Meißner Dom. Aber für jeden einzelnen Menschen ist sein Tuch sicher das schönste und kostbarste.

Der Tod hat bei den Menschen in Norwegen, so erfahre ich weiter, eine ganz andere Selbstverständlichkeit als bei uns. Ob das wohl etwas mit den langen Phasen der Dunkelheit dort zu tun hat?

Jedenfalls ist dieses Tuch ein sichtbares Zeichen dafür, dass der Mensch während seines Lebens von der Geburt bis zu seinem Tod und auch darüber hinaus begleitet wird. Das Tuch bringt zum Ausdruck, dass Gott immer da ist, spürbar und greifbar. In dem Psalm, den ich Ihnen zu Beginn des Gottesdienstes gelesen habe, formuliert der Psalmbeter das so: *Von allen Seiten umgibst du mich und hältst deine Hand über mir.*

Beide Bilder, das von der Hand über mir, und das von dem Tuch, in das ich eingehüllt bin, sind schöne Bilder. Es sind Bilder der Hoffnung und der Zuversicht. Gott hält seine Hand über mir, auch im Tod. Gottes Mantel umhüllt mich mein Leben lang, mein irdisches und mein ewiges Leben lang. Seiner Gnade und Güte befehlen wir uns und all unsere Lieben an.

Wir, liebe Gemeinde, erinnern uns heute in diesem Gottesdienst an all die Bewohnerinnen und Bewohner, die im Lauf des vergangenen Kirchenjahres verstorben sind. Wir stellen uns unserer Trauer, wir beten für sie und für uns. Wir bitten um Gottes Beistand. Wir entzünden Kerzen für eine jede und einen jeden von ihnen und vertrauen darauf, dass Gottes Liebe auch im Tod nicht endet. Wir denken heute besonders an:

Verlesen der Namen der im vergangenen Kirchenjahr verstorbenen Bewohnerinnen und Bewohner.

Für jede und jeden wird an der großen Altarkerze ein Teelicht entzündet und auf den Altar gestellt. Es empfiehlt sich, einige Teelichter in Reserve zu haben, da erfahrungsgemäß der ein oder die andere (Mitarbeitende oder Angehörige) noch ein weiteres Licht für einen Verstorbenen anzünden mag, der/die nicht verlesen wurde. Auf diese Möglichkeit sollte der Pfarrer/die Pfarrerin hinweisen und dazu einladen:

> Es brennen … *(Zahl einfügen)* Kerzen auf dem Altar. Sie alle stehen für einen lieben Menschen, der nicht mehr lebt und an den wir uns heute erinnern. Nicht alle, die uns durch den Kopf gehen, sind genannt worden. Deshalb lade ich Sie ein noch die ein oder andere Kerze anzuzünden im Gedenken an einen weiteren Verstorbenen, der Ihnen gerade jetzt besonders nah ist.

❯ Abschließendes Votum

> Von guten Mächten wunderbar geborgen erwarten wir getrost, was kommen mag. Gott ist mit uns am Abend und am Morgen und ganz gewiss an jedem neuen Tag. Amen.

❯ Lied: Befiehl du deine Wege (EG 361,1–4)

Bewusst wird in diesem Gottesdienst auf Bekanntmachungen verzichtet. Sie werden beim nächsten Mal nachgeholt.

❯ Fürbitten

> Gott, wie gern wollen wir das glauben: Du hältst deine Hand über uns. Doch oft zweifeln wir daran. Gerade dann, wenn ein geliebter Mensch stirbt, fällt es uns besonders schwer uns daran zu erinnern. Lass uns in solchen Situationen nicht allein. Gib uns gerade dann Menschen an unsere Seite, die uns gut tun. Lass uns den Tod und

die Trauer nicht verdrängen, denn beide gehören zum Leben dazu. Gib all den Mitarbeitenden hier im Haus, die Menschen in ihrem Sterben begleiten, die nötige Ruhe und Gelassenheit dazu. Gib ihnen liebevolle Hände, die richtigen Worte und das Gespür dafür, wann es besser ist zu schweigen. Und alles, was uns noch ganz persönlich bewegt, bringen wir in der Stille, Gott, vor dich.

Stille

Und gemeinsam beten wir weiter, wie Jesus uns zu beten gelehrt hat.

❭ **Vater unser**

❭ **Segen**

❭ **Musik zum Ende**

❭ **Persönliche Verabschiedung**

Es kommt vor, dass Angehörige oder Mitarbeitende nach einem solchen Gottesdienst um ein Gespräch bitten. Deshalb sollte der Pfarrer/die Pfarrerin vor vornherein Zeit dafür eingeplant haben.

Bibelstellen